S.N. GOENKA

Föredragen om Satipaṭṭhāna sutta

Föredragen från en kurs i
Mahā-satipaṭṭhāna sutta

Redigerade av Patrick Given-Wilson

Vipassana Research Publications

Vipassana Research Publications
ett underförlag till
Pariyatti Publishing
www.pariyatti.org

Pariyattis utgåva på svenska: 2023

ISBN: 978-1-68172-608-3 (print)
ISBN: 978-1-68172-609-0 (ePub)
ISBN: 978-1-68172-610-6 (Mobi)
ISBN: 978-1-68172-611-3 (PDF)

Översättning från engelska av Stiftelsen Vipassana Sveriges översättningsgrupp.

Originalets titel: *Satipaṭṭhāna Sutta Discourses*

Först utgiven år 1998. Andra upplagan år 2015.
Översättning till svenska utgiven år 2020.

Omslagsfoto av Luis Bartolomé Marcos: Madrid (1948 -)
Stentavlor med buddhistisk text vid Ku Tho Daw-pagoden: Maha Lawkamarazein (pali-text med burmesiska skrivtecken), Mandalay, Myanmar, redigerad av Pariyatti. Länk till originalbilden: https://commons.wikimedia.org/wiki/File:Mandalay,_Ku_Tho_Daw_17.jpg.

Innehåll

Inledning

S.N. Goenka, eller Goenkaji som han respektfullt brukar kallas, gick bort den 29 september 2013. Han var känd i många länder runtom i världen som en meditationsmästare. Han lärde sig den meditationsteknik han själv undervisade i på 1950-talet i Burma (numera Myanmar) av Sayagyi U Ba Khin, som i sin tur lärde sig tekniken av Saya Thet, som i sin tur lärde sig den av Ledi Sayadaw, en högt respekterad munk. Ledi Sayadaws lärare i sin tur undervisade i en obruten succession av lärare som går direkt tillbaka till Buddha. Att denna rad av lärare lyckades bevara tekniken under så lång tid är en enastående bedrift, och en stor källa till tacksamhet bland de som praktiserar den. I vår tid, när det i världen finns en stark längtan efter inre frid, har det under Goenkajis livstid skett en utomordentlig spridning av meditationspraktiken. I skrivande stund ges kurser på 150 meditationscenter liksom på många tillfälliga kursanläggningar i Indien och i andra delar av världen, med cirka 100 000 kursdeltagare årligen, och antalet ökar varje år. (Översättarens anmärkning: År 2019 finns 195 center och drygt 200 000 personer deltar i kurser varje år.)

Trots sin karisma och den enorma framgång som hans undervisningsmetod haft, tillskriver Goenkaji all framgång Dhammas kraft. Han har aldrig sökt rollen som *guru* eller önskat grunda någon religiös riktning, sekt eller liknande. När han lär ut tekniken är han noga med att nämna att han lärde sig den av Buddha genom en obruten rad av lärare, och hans tacksamhet till dem för den nytta och glädje han själv haft av meditationen är uppenbar. Samtidigt är han lika noga med att klargöra att han inte lär ut buddhism eller någon annan "ism" och att den teknik han lär ut är universell, att den är till för alla oavsett tro, livsfilosofi eller tillhörighet till religiös grupp.

Standardkursen i denna tradition är en 10-dagars internatkurs. Deltagare åtar sig att stanna kvar inom kursområdet i tio dagar, att följa ett rigoröst tidsschema och att iaktta fullständig tystnad i förhållande till andra kursdeltagare under de första nio dagarna.

I början av kursen antar de fem föreskrifter som Buddha gav till lekfolk: att avstå från att döda, att avstå från att stjäla, att avstå från att ljuga, att avstå från att missbruka sin sexualitet (vilket under kursperioden innebär att helt leva i celibat) och att avstå från att använda alla berusningsmedel. De börjar med att praktisera *Ānāpāna*-meditation, dvs. att iaktta den naturliga andningen. På den fjärde dagen, när de uppnått en viss grad av koncentration, går de över till Vipassana, vilket innebär att systematiskt observera kropp och sinne genom att iaktta kroppsförnimmelser. På den sista heldagen praktiserar de *Mettā-bhavana,* vilket betyder kärleksfull omtanke, eller att dela de förtjänster de skapat med andra.

Goenkaji är av indisk härkomst men växte upp i Myanmar, där han lärde sig tekniken av sin lärare Sayagyi U Ba Khin. Efter att U Ba Khin utsett honom till lärare lämnade Goenkaji Myanmar år 1969 med anledning av sin mors sjukdom, och gav en 10-dagarskurs till sina föräldrar och tolv andra personer i Bombay (numera Mumbai). Den inspiration han förmedlade och de utomordentliga resultat som kursen gav ledde till att många ytterligare kurser hölls, först på tillfälliga kursplatser runtom i Indien och senare på de center som sakta började etableras. Från år 1979 och framåt började han ge kurser utanför Indien, bl.a. i Sri Lanka, Thailand, Nepal, Frankrike, England, Nordamerika, Japan, Australien och Nya Zealand. I alla dessa länder och regioner finns idag ett eller flera center.

Tyvärr uppstod efter ett tag förvirring bland vissa meditatörer om hur man praktiserar Vipassana. Frågor ställdes om vad Vipassana är och vad *Satipaṭṭhāna* är. I själva verket är begreppen Vipassana och *Satipaṭṭhāna* synonyma. De betyder samma sak.

För att ge meditatörer möjlighet att arbeta direkt med Buddhas ord och undanröja denna förvirring, gav Goenkaji den första *Satipaṭṭhāna*kursen på Dhammagiri, huvudcentret nära Mumbai, den 16–22 december 1981. Samma disciplin och tidsschema gällde som för 10-dagarskursen, men deltagarna kunde studera en text med *suttan* under pauserna om de så önskade. Under kvällsföredragen gick Goenkaji igenom och förklarade *suttan* i detalj. Så här kom *pariyatti* (att studera Dhamma teoretiskt) och *patipatti* (att faktiskt praktisera Dhamma) att kombineras på ett fruktbart sätt.

Varje kapitel i denna bok innehåller ett sammandrag av ett av de kvällsföredrag som S.N. Goenka gav under en *Satipaṭṭhāna*kurs på Dhamma Bhūmi, Blackheath, Australien, i november 1990. Boken är avsedd att fungera som en kompletterande volym till häftet *Mahā-Satipaṭṭhāna sutta, Det stora föredraget om att bli förankrad i medvetenhet*, som publicerades på engelska av Vipassana Research Institute år 1998, med den introduktion och de fotnoter som finns där. Häftet innehåller *suttan* i fulltext och används som handbok av meditationselever som deltar i kursen. De sammandrag av föredragen som finns i denna bok innehåller bara korta avsnitt av *suttan* och boken är inte avsedd att användas under kursen, där eleverna kan se och höra de fullständiga föredragen direkt på video. Boken kan däremot vara till hjälp för meditatörer som efter kursen önskar att återigen gå igenom vad som lärts ut under kursen. Den kan också vara till hjälp vid fördjupade studier av *suttan* och kan ligga till grund för översättning och på så vis bidra till bättre förståelse bland de som inte har engelska som förstaspråk.

”Befrielse nås bara genom praktik, aldrig genom att endast diskutera.” Dessa Goenkajis ord ger en passande bakgrund till syftet med och ursprunget till dessa föredrag och själva *Satipaṭṭhāna*kursen.

Goenkaji har alltid betonat vikten av själva meditationspraktiken; teori och studier ses som ett stöd för praktiken. I föredragen om *Satipaṭṭhāna* varnar han för hur olyckligt det vore om ett center kom att bli en plats där endast teoretiska studier förekom. På *Satipaṭṭhāna*kurser följs precis som på 10-dagarskurser ett intensivt meditationsschema, och tiden för föredrag är begränsad till en gång på kvällen. Detta innebär att kursdeltagarna kan använda teorin som en grund för att direkt utforska och uppleva verkligheten inom sig själva, utan att frestas att fastna i intellektuella diskussioner om detta. Det är inte så att det avråds från intellektuella studier, men Goenkaji betonar att teori och praktik måste följas åt. Precis som på 10-dagarskursen där meditatörerna gradvis introduceras till olika delar av läran genom att föredragen först tar upp *sīla* (moral), därefter *samādhi* (att behärska sinnet) och sedan *paññā* (visdom genom insikt).

För att delta i en *Satipaṭṭhāna*kurs i denna tradition krävs att man genomfört tre 10-dagarskurser, mediterar regelbundet och iakttar *sīla* åtminstone genom att följa de fem etiska föreskrifterna. Det är värt att notera att *sīla* inte nämns i själva *suttan*. Goenkaji förklarar bakgrunden till detta i föredraget på den andra dagen: *Suttan* gavs till kurufolket, som redan följde *sīla* noggrant, sedan många generationer tillbaka. Det var inte nödvändigt att undervisa dem om *sīla*; de förstod redan vikten av detta och det togs för givet. Det är även idag viktigt att meditatörer som arbetar med denna *sutta* har en grundläggande förståelse av vad *sīla* är och hur det praktiseras. Utan att ha en stabil moralisk grund att stå på är det omöjligt att nå ett sådant djup i meditationen att det går att arbeta med det som lärs ut i denna *sutta*. Många av de som lyssnade när Buddha gav föredraget hade redan nått långt i sin meditation och behövde inte mycket vägledning för att nå högre stadier. Även om det idag inte är så vanligt att sådana stadier uppnås är det en förutsättning att elever på en *Satipaṭṭhāna*kurs har åtminstone en grundläggande erfarenhet av denna slags meditation och att de är bekanta med de föredrag som ges på 10-dagarskursen.

Det var ingen tillfällighet att den första *Satipaṭṭhāna*kursen som Goenkaji höll på Dhammagiri genast följdes av en lång Vipassanakurs på en månad. Den fördjupade förståelse som nås genom en *Satipaṭṭhāna*kurs ger en nödvändig grund för att kunna praktisera på en långkurs, och i denna tradition är kursen till och med ett krav för att sitta en långkurs. Denna förståelse ger meditatören viktig vägledning och är till stor hjälp när han eller hon på en långkurs tillbringar lång tid i avskildhet och intensiv praktik. Dessutom hänvisas i föredragen på en långkurs ofta till vad som lärs ut i denna viktiga *sutta*, och undervisningen i *suttan* upprepas även på många andra håll i Buddhas undervisning.

Alla tusentals föredrag som Buddha gav har sin särskilda betydelse och är ägnade att inspirera på olika sätt. Varje föredrag utformades av Buddha för att passa åhörarna, med utgångspunkt i deras livssituation och förmåga att förstå. Att förstå bara ett eller några få föredrag var ofta tillräckligt för att en meditatör skulle nå slutmålet. Likväl har just detta föredrag valts ut för att studeras noggrant, eftersom det på grund de högt utvecklade åhörarna kunde ges utan många inledande instruktioner, och då föredraget i detalj behandlar själva meditationstekniken. Föredraget är därför till särskilt stor hjälp för erfarna elever som önskar studera och förstå tekniken djupare på ett teoretiskt plan, med syfte att fördjupa praktiken.

Den första *Satipaṭṭhāna*kursen var bara på sju dagar, eftersom det var så länge Goenkaji behövde för att lägga fram och förklara *suttan* under kvällsföredragen. Detta är fortfarande den vanliga längden på kursen. Betoningen ligger därför på att förstå *suttan* och så långt som möjligt tillämpa denna förståelse genom sin praktik. Efter att praktiken kommit att förankras stadigt i en klar förståelse av teorin, fördjupas den sedan ytterligare på långkurserna.

Att lyssna till Buddhas egna ord i ett sammanhang där de kan tillämpas direkt genom egen erfarenhet är en stor inspirationskälla för eleverna på kursen. Många meditatörer, som i alla fall har en viss erfarenhet av praktiken, är hänförda när de för första gången hör Buddhas ord. De börjar genast förstå dessa ord på ett sätt som de inte hade kunnat göra om de inte praktiserat och förståelsen saknat stöd i deras egen erfarenhet. Många meditatörer har uppgett att det känts som att Buddha själv talade till dem, som om orden var riktade just till dem. Det är kännetecknande för en upplyst människas undervisning att den talar till varje meditatörs egna erfarenhet.

I *Mahā-satipaṭṭhāna sutta* och även i många andra *suttor*, använder Buddha upprepning som en sätt att betona vissa aspekter och nå ökad klarhet. Under föredragen om *suttan* reciterar Goenkaji varje avsnitt på pāli i dess helhet för att nå samma effekt. Resonansen av Buddhas ord, särskilt när de reciteras, av en Vipassanamästare som Goenkaji, inbjuder direkt till fördjupad meditation. Att i bokform inkludera all pāli som reciteras skulle dock göra materialet mycket omfattande och mer svårtillgängligt för läsaren. I denna bok presenteras därför föredragen utan att den fullständiga texten återges. Föredragen innehåller bara korta avsnitt från *suttan*, följda av Goenkajis kommentar. Det bör också anmärkas att många upprepade avsnitt, för att underlätta för läsaren, har utelämnats och ersatts med ellipser (...).

Den fullständiga texten på pāli liksom en översättning av denna finns i häftet *Mahā-satipaṭṭhāna sutta, Det stora föredraget om att bli förankrad i medvetenhet* (VRI, 1998). På så vis kan *suttan* läsas i sin helhet med den bakgrund och den förståelse man nått genom att lyssna på föredragen. De som vill inspireras av att lyssna på pāli medan de praktiserar, hänvisas till Goenkajis ursprungliga föredrag eller recitationer.

Ett sammandrag av detta slag kan aldrig fånga de ursprungliga föredragens livfullhet och energi. Att själv ha varit närvarande på plats och lyssnat till sådana föredrag är ett stort privilegium och en enorm inspirationskälla. Därför har avsikten varit att i dessa sammandrag bevara de ursprungliga föredragens vitalitet och atmosfär. Även om Goenkajis ord bevarats där det varit möjligt, syftar sammandragen till att renodla och utkristallisera varje avsnitts mening så tydligt som möjligt. Om sammandragen inspirerar läsaren till att meditera djupare på befrielsens väg har de tjänat sitt syfte.

Patrick Given-Wilson
Blackheath, Australien

Några anmärkningar om uttalet av pāli

Pālispråket talades i norra Indien på Buddhas tid. På kejsar Asokas tid skrevs det med brahmiskrift som finns bevarat i handskrifter från olika länder där språket levt vidare. För den latinska textversionen anger följande diakritiska bokstäver och skrivtecken rätt uttal.

Alfabetet består av fyrtioen bokstäver; åtta vokaler och trettiotre konsonanter.

Vokaler:	a, ā, i, ī, u, ū, e, o				
Konsonanter:					
Velarer:	k	kh	g	gh	ṅ
Palatarer:	c	ch	j	jh	ñ
Supradentaler:	ṭ	ṭh	ḍ	ḍh	ṇ
Dentaler:	t	th	d	dh	n
Labialer:	p	ph	b	bh	m
Övriga:	y, r, l, v, s, h, ḷ, ṃ				

Vokalerna **a, i, u** är korta; **ā, ī, ū** är långa:
a uttalas som 'a' i 'about'; **ā** som 'a' i 'father';
i uttalas som 'i' i 'mint'; **ī** som 'ee' i 'see';
u uttalas som 'u' i 'put'; **ū** som 'oo' i 'pool'; **e** och **o** uttalas långt utom före dubbla konsontanter: *deva, mettā; loka, phoṭṭhabbā.*

Konsonanten **c** uttalas som 'ch' i 'church'. Alla aspirerade konsonanter uttalas med en hörbar utandning som följer efter det normalt oaspirerade ljudet. Konsonanten **th** uttalas därför inte som i 'three' utan mer som ljudet i 'Thai' eller 'Thailand', och **ph** uttalas inte som i 'photo' utan är mer likt ljudet i 'uphill'.

De supradentala konsonanterna – **ṭ, ṭh, ḍ, ḍh, ṇ** – uttalas med bakåtböjd tungspets. I dentalerna – **t, th, d, dh, n** – berör tungspetsen däremot framtänderna i överkäken.

Den velara nasalen, **ñ,** uttalas som 'ng' i 'singer': men uppträder endast med andra konsonanter i sin grupp: *ṅk, ṅkh, ṅg, ṅgh.* Det nasala **ṃ** liknar **ṅ**, men uppträder oftast som en avslutande nasalitet: *'evaṃ me sutaṃ'.* Konsonanten **v** uttalas som ett mjukt 'v' eller 'w' och ḷ, som uttalas med bakböjd tungspets, är i det närmaste ett kombinerat 'rl'-ljud.

Det förekommer några ord på sanskrit i texten. Följande diakritiska tecken förekommer i sanskrit men inte i pāli:

ṛ är vokaliska 'r', uttalas som 'ri' med ett rullande 'r';

Ṣ är supradentala 'sh';

ṣ är palatara 'sh'.

Namo tassa bhagavato arahato
sammā-sambuddhassa

DAG ETT

Den första dagen av *Satipaṭṭhāna*kursen är över. Tekniken, meditationspraktiken förblir densamma. Men detta är en särskild slags kurs eftersom du ska försöka förstå Buddhas ord i förhållande till tekniken. All Buddhas undervisning, alla hans föredrag, är klargörande, fyllda av visdom, så dyrbara, som en stor, söt kaka. Alla hans ord har samma smak av nektar, ambrosia. Men just *Satipaṭṭhāna sutta* har valts ut eftersom den i detalj behandlar den teknik som du tillämpar.

Det bästa är att seriösa, gamla elever försöker förstå tekniken genom att lyssna till Buddhas egna ord. På så vis kan man klarare och mer detaljerat förstå både teorin och praktiken, och man blir fri från den förvirring som kan finnas. En del entusiastiska elever började tyvärr undervisa utan att ha fått riktig träning och utan att ha fördjupat sig i tekniken, och de blandade upp tekniken med annat. Det var fråga om folk som bara suttit några kurser i Indien. Det var oftast folk som var fästa vid sina egna trosföreställningar men inte hade en meditationsteknik. Med ytlig kunskap om meditationen kunde de inte undervisa på rätt sätt. Vipassana-elever som deltog i deras kurser blev väldigt förvirrade.

Även i väst började folk att undervisa på sina egna sätt, annorlunda men utifrån denna teknik. För att skilja ut sig påstod de sig lära ut *Satipaṭṭhāna* och sa att det som Goenka lär ut är Vipassana. Detta ledde också till förvirring. *Satipaṭṭhāna* är Vipassana. Vipassana är *Satipaṭṭhāna*. Buddhas egna ord kommer att klargöra detta. De kommer att ge dig inspiration och vägledning, och hjälpa oss att förstå Dhamma djupare. Därför förblir tekniken densamma, men kvällsföredragen kommer att behandla denna viktiga *Satipaṭṭhāna sutta* i detalj.

Till en början kommer dessa ord på pāli, det tidiga språk som Buddha talade, att verka helt obekanta. Men långsamt kommer du att börja förstå dem, och med tiden utvecklar du en grundläggande förståelse av detta språk. Då kommer du märka att vartenda ord är så inspirerande. Är du en god Vipassanameditatör kommer det kännas som att orden är riktade till dig personligen, som att Buddha själv vägleder din praktik. Så här i början är det till stor hjälp att bara förstå några få ord.

De tre stegen

Det finns tre aspekter, eller viktiga steg i Dhamma. Det första steget är *pariyatti*: tillräcklig intellektuell förståelse av läran. Den som inte ens hört eller läst en upplyst människas ord, kan inte förstå Dhamma och dess universella natur. De kommer att uppfatta Dhamma som buddhism. De kommer att uppfatta det som en religiös tro eller filosofi, eller som en rit, en ritual, en ceremoni eller något annat som liknar vad de själva håller på med. En *sutavā* är någon som hört Dhamma och förstått Dhamma som den universella lagen, sanningen, naturen, som inte är begränsad till en religion eller en samhällsgrupp. Eftersom en *sutavā* hört Dhamma kan han eller hon praktisera och tillämpa det i livet, och är därför lyckosam jämfört med en *asutavā*, som inte hört talas om den universella sanningen och därför förblir förvirrad.

Att höra eller läsa ord av ren Dhamma är utmärkt eftersom det ger inspiration och vägledning att börja praktisera. Men om man nöjer sig med detta och inte praktiserar, eftersom man tycker sig kunna allt redan, blir det bara till en religiös eller andlig lek. I själva verket vet man inget eftersom man saknar direkt erfarenhet. Man har bara accepterat sanningen, och då kan detta till och med bli till ett hinder för befrielse. Därför måste varje *sutavā* börja praktisera.

Nästa steg är *paṭipatti,* att praktisera Dhamma. I ett annat föredrag sa Buddha:

> *Supaṭipanno Bhagavato sāvaka-saṅgho.*

Sāvaka betyder *sutavā*. *Sāvaka-saṅgho* betyder den *saṅgha* som är *sāvaka*, som har hört Buddhas lära och börjat gå vägen på rätt sätt – det vill säga, *supaṭipanno,* "väl praktiserat." Genom att gå på vägen kommer de att nå slutmålet, full befrielse. Detta sker genom *paṭipatti*, det kan inte ske bara genom *pariyatti*. Genom *pariyatti* börjar man förstå att som människa, som en social varelse, måste man uppträda moraliskt i familjen och i samhället. Om man stör andras frid och harmoni, hur kan man då själv uppleva frid och harmoni? Så man avstår från att i tal eller fysisk handling såra eller skada andra varelser. Man avstår från att döda, att stjäla, att missbruka sin sexualitet, att ljuga, att använda hårt eller grovt språk eller att tala bakom ryggen på andra, och att använda berusningsmedel. Man förstår också att man avstår från ogynnsamma handlingar inte bara för andras skull, utan också för sin egen skull. Det är inte möjligt att utföra sådana ogynnsamma handlingar utan att skapa oerhört mycket orenhet i sinnet, såsom begär, girighet, hat, motvilja, ego och rädsla. När du gör det skadar du dig själv. Därför förstår man hur viktigt det är med *sīla*, som betyder moral.

Med bara intellektuell förståelse är det svårt att följa *sīla,* eftersom man inte behärskar sitt sinne. Därför praktiserar man *samādhi*, dvs. att behärska sinnet. Under vissa omständigheter och i en viss miljö, t.ex. under en Vipassanakurs, är det inte lätt att bryta mot *sīla*, men det är viktigt att utveckla denna förmåga genom att gå vägen. Du börjar bli *supaṭipanno.* Nu praktiserar du genom att använda *Ānāpāna*, uppmärksamhet på andningen, vilket är *paṭipatti.*

När du går vidare på vägen på rätt sätt, som den upplyste avsåg, är det nödvändigt att behärska sinnet rätt. Annars kommer det inte leda till det tredje steget, *paṭivedhana.* Ordagrant betyder det genomträngande, inträngande. Din *samādhi* koncentrerar sinnet på din egen verklighet, kroppen och sinnet, eftersom andningen hänger samman med både kropp och sinne. Men med tiden kommer du att märka att det finns en stor mängd ackumulerad mental orenhet i ditt inre. Fastän du försöker behärska ditt tal och dina fysiska handlingar blir du då och då övermannad av denna orenhet. Därför måste du nå ett sådant djup att du kan göra dig fri från dessa orenheter.

Paññatti är den skenbara, yttre sanningen: det verkar vara så, det förefaller vara så. För att kunna iaktta den yttersta sanningen måste man avlägsna denna skenbara sanning; tränga igenom den, ta sig förbi den, ta bort den. Detta är Vipassana. I en annan text uttrycks det så här:

Paññatti ṭhapetvā visesena passatī' ti vipassanā.

Paññattiṃ ṭhapetvā betyder "har avlägsnat den skenbara sanningen". Vipassana gör att man ser (*passati*) något utifrån dess kännetecken (*visesena*). Genom att tränga igenom den skenbara, stelnade, intensiva sanningen, som måste delas upp, sönderdelas, lösas upp, rör man sig mot den yttersta sanningen om det man kallar "jag", "mitt", den materiella strukturen, den mentala strukturen, de mentala fenomenen. När man tränger igenom kropp och sinne i hela dess vidd, kan man uppleva något bortom detta – den yttersta sanningen, *nibbāna*, en evig sanning bortom sinne och materia. Genom att praktisera den genomträngande visdom som är Vipassana, når man slutmålet, full befrielse.

Förstå därför att syftet med att lyssna till denna *sutta* under kursen inte bara är för *pariyatti*. Hur nyttig teoretisk kunskap än kan vara måste alla de tre stegen *pariyatti*, *paṭipatti* och *paṭivedhana* tas. Dessa tre steg täcker *paññā* i hela dess vidd, dvs. visdom.

På 10-dagarskursen har du hört att det finns tre slags *paññā*. *Suta-mayā paññā* är vad du har hört. Det är någon annans visdom, inte din. *Cintāmayā paññā* är intellektuell förståelse, hur du har förstått någon annans visdom. Båda är bra, men bara om de leder till att du tar det tredje steget, *bhāvanā-mayā paññā,* och iakttar sanningen själv. Att ständigt iaktta, att iaktta utan avbrott, gör att din visdom utvecklas och det är denna direkta erfarenhet som tar dig till slutmålet.

Samma tre steg återfinns i en annan tradition men uttrycks i andra ord. Det första steget är *sadda-sacca,* ordets sanning. Fanatiker tycker att skrifternas sanning måste accepteras även om man inte förstår innehållet. När det iakttagits, upplevts kan det vara sant, men dessa människor har bara lyssnat och sen börjat klänga sig fast. Det är inte sanning för dem.

Nästa steg är *anumāna-sacca,* att förstå intellektuellt, genom att dra egna slutsatser. Man har sett rök och tror därför att det finns eld. Men man har inte sett elden. Båda dessa kan vara förvillande, bedrägliga.

Det tredje steget är att själv iaktta sanningen: *paccakkha-sacca.* En upplyst människas hela undervisning syftar till att inspirera oss att göra detta. Det är viktigt att ha tillit till Buddhas ord, men om du inte själv iakttar sanningen kan du inte bli upplyst. Att lyssna och förstå intellektuellt är till stor hjälp, men samtidigt måste varje sanning iakttas av den som vill bli upplyst. Detta är vad som lärs ut i *Satipaṭṭhāna Sutta,* och varje ord i *suttan* är till för att inspirera och vägleda dig.

Sati - medvetenhet

Sati betyder medvetenhet, uppmärksamhet, sinnesnärvaro, att iaktta sinnets och materians verklighet inom kroppen. Bara med klar förståelse och visdom blir det *satipaṭṭhāna. Thāna* betyder att bli etablerad, förankrad. *Paṭṭhāna* betyder att den blir förankrad på rätt sätt, vilket betyder på olika sätt, eller *pakārena:*

Pakārena jānātī'ti paññā.

Paññā, visdom, *jānāti,* förstår, verkligheten utifrån olika perspektiv, från olika vinklar. Iakttar man verkligheten endast ur ett perspektiv är det bara en delsanning, en förvriden sanning. Man måste iaktta helheten, och det kan bara ske från olika perspektiv. Då är det *pakārena,* och det blir till *paññā.*

Sati blir alltså *paṭṭhāna* när den förenas med *paññā.* När Buddha använde orden *sati* eller *sato,* använde han också ordet *sampajāno,* som i denna *sutta:*

Ātāpī sampajāno satimā.

Ātāpī betyder "flitigt", "med glöd". *Sati* är dock fullständig bara tillsammans med visdom, *sampajāno,* när det finns klar förståelse av verklighetens natur genom egen erfarenhet – dvs. verklighetens kännetecken att uppstå och försvinna, *anicca.* Och eftersom verkligheten till sin natur är föränderlig, är dess inneboende natur otillfredsställelse, lidande, *dukkha.* Genom att praktisera med *paññā* förstår man *dukkha* genom egen erfarenhet. Varje behaglig upplevelse, varje behaglig händelse är *anicca.* Allt som sker inom kroppen övergår till något obehagligt, så det är inget annat än *dukkha.* Sådan är naturlagen. Ändå har sinnet en tendens att klänga sig fast vid behagliga upplevelser, och när de tar slut känner man sig så olycklig. Detta är inte en filosofi utan en sanning som upplevs genom *paṭivedhana*: att dela upp, sönderdela, lösa upp till dess att man når ett tillstånd av *bhaṅga,* fullständig upplösning. Man iakttar den stelnade materiella strukturen, kroppen, som inget annat än subatomära partiklar, *kalāpa,* som uppstår och försvinner. På samma sätt manifesterar sig sinnet och de mentala fenomenen som stelnade och intensiva känslor – ilska, rädsla eller åtrå – som övermannar dig. Vipassana, *paṭivedhana,* hjälper dig. Med inträngande, genomträngande *paññā* fortsätter du att sönderdela, lösa upp och når ett tillstånd då alla dessa intensiva känslor inte är annat än vågrörelser. Hela de materiella och mentala strukturerna och de mentala fenomenen är inget annat än vågrörelser, vågrörelser, *anicca, anicca.*

Då blir verkligheten om detta ”jag”, ”min” eller ”mitt” tydlig. De är bara ord vi använder av praktiska skäl. Det finns inget ”jag” som äger detta fenomen av kropp och sinne, som äger dessa kroppsliga och mentala fenomen. Bara sinne och materia i ständig växelverkan, som ständigt påverkar varandra, det ena blir till en orsak som gör att det andra uppstår, och i det inre flyter ständigt strömmar, motströmmar och underströmmar som tillsammans utgör det vi kallar ”jag”. *Anattā* blir tydligt genom egen erfarenhet.

Anicca, dukkha, anattā – föränderlighet, lidande och egolöshet – ska inte uppfattas som en religiös filosofi. Dessa sanningar gäller inte bara buddhister. Alla, oavsett om man är man eller kvinna, oavsett hudfärg eller religion, är inget annat än kropp och sinne i ständigt samspel, i ständig växelverkan. Av okunnighet börjar man klamra sig fast vid detta falska ego, detta ”jag”, och det för bara med sig lidande.

Naturlagen blir klar och tydlig genom *paṭivedhana,* genom inträngande, genomträngande *paññā.* Utan detta kommer endast medvetenhet inte att hjälpa, eftersom du inte kommer längre än till den skenbara sanningen, och då kommer du inte förstå den verkliga, yttersta sanningen. En cirkusflicka som går på lina är ytterst medveten om varje steg hon tar. Hennes liv och hennes kropp är i fara. Men hon är ändå långt från befrielse, eftersom hon bara är medveten om den skenbara, yttre sanningen, men är inte medveten med *paññā* inom sig. Då är *sati* inte fullständig, eftersom den måste förankras i visdom, i *anicca, dukkha* och *anattā* genom egen erfarenhet. *Satipaṭṭhāna* är *sati* med *paññā.* Då blir *sati* en mycket viktig del i Dhammas praktik, i att iaktta sanningen. Detta är syftet med föredraget om *satipaṭṭhāna.*

På 10-dagarskurserna nämns i kvällsföredragen de fem vännerna: *saddhā,* tillit; *viriya,* strävan; *sati,* medvetenhet; *samādhi,* koncentration; och *paññā,* visdom. Buddha kallade dem *indriya. Indra* betyder "härskare", "kung". Så kallas kungen över himmelriket. Sinnesorganen är en slags *indriya*: ögonen, öronen, näsan, tungan och kroppen. De kallas så eftersom de ständigt styr över oss, ständigt förslavar oss. De fem vännerna eller förmågorna vi utvecklar, är andra slags *indriya,* och *sati* är en av dessa. Dessa *indriya* kallades också "krafter" eller "styrkor" (*bala*). För alla som mediterar är dessa viktiga styrkor att ha, och *sati* är en av dem. Den är mycket viktig. *Sati* är också en mycket viktig upplysningsfaktor. Var och en av upplysningsfaktorerna har sin utgångspunkt i att du är medveten, har sin grund i att du är medveten, och du är medveten ända till dess du når slutmålet, upplysning. Men *sati* är viktig och nyttig bara om den används rätt, på det sätt som Buddha förklarar i denna *Satipaṭṭhāna sutta.*

Pariyatti – teoretisk kunskap

I morgon börjar vi läsa denna *sutta.* Idag ges den här bakgrunden så att du ska förstå att det viktigaste är att praktisera. Det finns en fara att det blir ens livsmål att bara läsa och lyssna på *suttor* eller föredrag. Vi måste vara mycket noga med att syftet med ett Vipassanacenter fortsätter att vara *paṭipatti* och *paṭivedhana,* den visdom som utvecklas och mångfaldigas genom erfarenhet: lite i taget, steg för steg, i takt med att du delar upp, sönderdelar, löser upp, och inträngande, genomträngande går från den skenbara sanningen till den yttersta sanningen.

En anledning, en av många, till att Vipassana försvann från Indien efter Buddhas tid var att allt fokus lades på teori och *suttor*. Folk kände sig tillfredsställda av att ha hört ett föredrag, eller av ha reciterat, memorerat hela *Tipiṭaka* – Buddhas lära – som om deras livsmål därmed hade uppnåtts. Sen följde diskussioner, debatter och argumentation om betydelsen av olika ord. Förvirring rådde, och utan praktik kan det inte finnas någon klar förståelse. En upplyst människas ord är ord av erfarenhet, ord för att vägleda människor att själva iaktta sanningen. Leker man med orden blir de bara till hinder. Därför använder vi Buddhas ord för att förstå hur han ville att vi ska praktisera. De ger inspiration och vägledning, men praktiken förblir det centrala.

Vi avfärdar naturligtvis inte *pariyatti*. Hur skulle den som praktiserar Buddhas lära kunna vara emot Buddhas ord? Men praktiken, inte orden, bör vara det vi sätter främst. Vi är förstås mycket tacksamma till den Saṅgha som bevarade Buddhas ord och de bland dem som upprätthöll Vipassanapraktiken; annars skulle den ha försvunnit för länge sen. Tack vare denna tradition har vi kunnat lära praktiken i dess ursprungliga rena form och för detta är vi djupt tacksamma. På samma sätt känner vi stor tacksamhet till dem som i alla fall bevarade Buddhas ord från lärare till elev under de senaste tjugofem århundradena, vare sig de praktiserade eller inte.

Det kommer så många frågor om Buddhas lära. Är detta Buddhas lära eller inte? Detta går att bevisa, tack vare de i denna traditions Saṅgha som tog på sig ansvaret att bevara Buddhas ord intakta. Därför kallas de *Dhamma-bhaṇḍāgārika* – Dhammas skattmästare, dvs. de som skyddade Buddhas ord. Tack vare dem kan vi jämföra orden med resultaten som uppnås genom att praktisera denna teknik.

Därför måste *pariyatti* och *paṭipatti* samverka. *Pariyatti* får oss att känna stark tillit att vi praktiserar som Buddha avsåg, på rätt sätt.

Nu ska vi studera denna *Satipaṭṭhāna sutta*. Det är underbart om någon vill studera hela *Tipiṭaka*. Alla ord är som nektar, alla ord framstår som personlig vägledning, de är så klara och inspirerande. Men detta är inte nödvändigt. Rätt förståelse av några *suttor* räcker. Buddha sa att om man förstår en enda *gāthā*, en enda vers på en eller två rader, på rätt sätt räcker det för att nå slutmålet. En ordagrann översättning av ordet *pariyatti*, eller *pariyapti* på sanskrit eller hindi, är "tillräcklig." För andra personer är ett stort antal föredrag tillräckligt. De Buddhas ord som du hör under kvällsföredragen på en kurs är *pariyatti*. Du förstår hur du ska praktisera, och varför just så här, och du utvecklar förtroende för de steg du tar. Några få *suttor,* föredrag, kan diskuteras i kvällsföredragen på center för att öka förståelsen, men detta får inte bli huvudsyftet. Annars blir de till center för *pariyatti*: för att lära ut *Tipiṭaka,* för diskussioner, recitationer och debatter, och för olika andliga och intellektuella lekar.

Detta är därför en varning till alla de som driver Vipassanacenter runtom i världen, nu och århundraden fram i tiden: Vipassanapraktiken är och ska alltid förbli den huvudsakliga aktiviteten, eftersom slutmålet bara kan nås genom att man själv tar steg på vägen.

Så från och med imorgon kväll börjar vi gå igenom denna *sutta,* för att få rätt förståelse av *paṭipatti* och *paṭivedhana,* den praktiska delen. Vi är på rätt väg, en rak väg till slutmålet, utan att avledas hit eller dit och utan att ödsla tid på bisaker.

Praktiken förblir densamma. Nu praktiserar du *Ānāpāna,* att iaktta andningens sanning. Detta är *sati.* Att andas är en levande människas natur; och så är det inte därför att det står så i en bok eller för att Buddha sagt det. Du iakttar andningen när den går in och går ut, som den är. Det är inte en andningsövning. Du reglerar inte andningen utan iakttar bara. Helt naturligt börjar ditt sinne att koncentreras. Andningen blir kortare, alltmer förfinad. Sen gör den bara en U-sväng när den går in och går ut, och ibland känns det som att den stannat helt. Återigen kommer ett andetag, eftersom syre behövs, och du är bara medveten. Återigen blir den grund, gör en U-sväng, och stannar upp. Du gör inget. Vare sig andningen är djup eller kort, är du bara medveten. Ibland när du inte kan känna den mjuka andningen kan du ta några få avsiktliga andetag, bara så att du kan känna den naturliga andningen igen.

Denna kurs är bara på åtta dagar, så tiden är kort. Ta väl vara på tiden genom att arbeta seriöst. Det är en stor fördel att ni alla är gamla elever, så ni slipper de störningar som kan uppstå därför att en del nya elever inte förstår värdet av disciplin och tystnad. Ni är mogna gamla elever som åtminstone genomfört några kurser och förstår hur ni ska arbeta, och ni förstår att övning utan avbrott är nyckeln till framgång. Ni kan inte nå målet om ni avbryter övningen och av slapphet vandrar runt, ligger ner eller sover. Naturligtvis kommer sinnet att vandra iväg, men du för det tillbaka. Din ansträngning måste vara utan avbrott. Även så kallade pauser, inklusive nattetid, är till för seriöst arbete, för meditation, för medvetenhet. *Sati* måste förankras – *satipaṭṭhāna.* Nu sker det med *Ānāpāna,* du är medveten om andningen. Vare sig du sitter, står, ligger ner, duschar, tvättar, äter, dricker – dag och natt är du medveten om den naturliga andningen, utom när du sover djupt. Det är så *sati* blir *paṭṭhāna.* Medvetenheten blir väl förankrad. När du sen går över till Vipassana är du medveten om *anicca*, att uppstå och försvinna.

Alla regler är mycket viktiga. Du har fått en sällsynt möjlighet att delta i en kurs som denna, där bara seriösa gamla elever deltar och det inte är några nya elever som stör. Ta väl vara på denna möjlighet, ta väl vara på allt som erbjuds här, för att förankra din medvetenhet i visdom, och kom närmare och närmare slutmålet. Ta väl vara på denna underbara teknik. Ta väl vara på Dhamma för din välgång, för din nytta och glädje, för din befrielse från allt som förslavar dig, befrielse från allt begär, all motvilja och all okunnighet som binder och tynger dig. Må ni alla njuta sann frid, sann harmoni, sann lycka.

Må alla varelser vara lyckliga.

DAG TVÅ

Den andra dagen av *Satipaṭṭhāna*kursen är över. I kväll börjar vi att gå igenom föredraget för att förstå det i förhållande till det vi praktiserar.

Föredraget kallas *Mahā-satipaṭṭhāna sutta*. *Sutta* betyder föredrag. *Mahā* betyder stor, och det finns faktiskt ett annat kortare föredrag om *Satipaṭṭhāna*. Detta nuvarande föredrag tar upp en del frågor mer i detalj och kallas därför *mahā*.

Sati betyder medvetenhet, uppmärksamhet. Det är en mycket viktig aspekt av Dhamma som vi diskuterade igår. Det är en av de fem *indriya*, förmågorna som måste utvecklas. Det är en av de fem *bala*, de krafter eller styrkor som man måste utveckla för att kunna bemästra Dhamma. Det är en av de sju *bojjhaṅga*, upplysningsfaktorerna. *Sammā-sati* är en del av den ädla åttafaldiga vägen. Dess bokstavliga innebörd är "minne" eller "erinring". I nutida indiska språk används ofta ordet *smṛti* i denna betydelse. Vipassana handlar inte om att komma ihåg tidigare minnen, men du måste alltid komma ihåg objektet för meditationen, nämligen den verklighet som hänför sig till sinne och materia inom ramen för kroppen. En bättre känsla eller förståelse av *sati* är medvetenhet, vilket är vad det är; och medvetenhet måste vara om verkligheten i detta ögonblick som det är, om nuet, inte det förflutna eller framtiden.

Paṭṭhāna innebär att bli förankrad. *Pa* innebär i stor omfattning eller djupt, vilket omfattar aspekten *paññā*, visdom. Medvetenheten är inte bara om sinnets och materians sanning, men också om denna sannings natur: hur det uppstår och försvinner; hur det är en källa till elände; hur det inte finns något "jag", hur det saknar substans. Det krävs direkt erfarenhet. Detta är inte bara en intellektuell förståelse av en skenbar sanning. Medvetenhet etableras med hjälp av visdom, som är förståelsen av verklighetens sanna natur. Därav namnet *Mahā-Satipaṭṭhāna sutta.*

Föredraget börjar: *Evaṃ me sutaṃ.* Detta är vad jag hört.

Orden är inte Buddhas. Det finns en historia bakom dem, som Vipassanameditatörer bör känna till.

Buddha gick bort vid hög ålder, åttio år, och de av hans elever som var *arahanter*, fullt befriade, förstod att alla måste dö, oavsett om man är en Buddha eller en vanlig människa. Det är naturens lag. Några av hans elever som inte utvecklats i Dhamma blev mycket bedrövade, och vissa till och med grät. Men en munk, långt kommen till åren men inte i vishet, blev istället glad. Han var mycket nöjd att gamlingen dött: nu var de fria från hans klor och kunde göra som de ville. Buddhas egen undervisning var ju: *Attā hi attano nātho* – du är din egen mästare, din egen herre. Denna händelse visar att det redan då fanns personer i Sanghan som inte var intresserade av Dhamma. De hade kommit för att få status, ett bekvämt liv, och mer allmosor och respekt än de annars skulle få.

Jag känner mycket stor tacksamhet till denna munk. Varför då? När Mahā Kassapa, en klok, äldre munk som var *arahant* och alltså helt befriad, och därtill en av Buddhas främsta lärjungar hörde detta, bestämde han sig att skydda Buddhas sanna läror mot framtida förvanskningar. Under 45 år hade Buddha dag och natt undervisat Dhamma utan att vila mer än knappt två eller tre timmar per natt, och även det var inte vanlig sömn utan vila med medvetenhet och sinnesjämvikt, med visdom. Han hade gett 82 000 föredrag och hans ledande *arahant*-lärjungar hade gett ytterligare 2 000. Det blir totalt 84 000. Mahā Kassapa trodde att andra, i likhet med denne gamle munk, i framtiden skulle felcitera lärorna, lägga till sina egna ord och ta bort viktiga discipliner – allt det som sedan också inträffade. Han beslutade därför att sammankalla ett möte med 500 äldre munkar, *arahanter* som varit närvarande vid Buddhas undervisning, för att recitera, sammanställa och autentisera de faktiska orden. Det hade räckt med en handfull för att göra detta, men för att imponera på folk och försäkra sig om acceptans tog han

500, omedelbart efter Buddhas död. Tillsammans skulle de recitera varje ord som Buddha yttrat och ge dem en äkthetsstämpel.

Ānanda

Ānanda blev rekommenderad att bli den 500:e medlemmen i denna församling. Ānanda föddes samma dag som Gotama Buddha, var hans kusin samt hade tillbringat barndomen och ungdomen med honom. När Buddha blev upplyst, var Ānanda en av många familjemedlemmar som avstod från det världsliga livet och anslöt sig till honom. I takt med att antalet anhängare växte, och därmed arbetet, behövde Buddha en assistent. Några kom, men med olika motiv. Det vanligaste var hopp om en privat förevisning av mirakel, trots att Buddha offentligt tog avstånd från mirakel. En annan förhoppning var att få höra svaren på vissa filosofiska frågor som Buddha aldrig besvarade offentligt. Sådana människor kunde inte stanna länge, och de gav sig av.

När Buddha uppnådde 55 års ålder accepterade han att han behövde en stabil personlig assistent. Många ledande munkar var mycket angelägna om att tjäna honom på så nära håll, men han hade en förkärlek för Ānanda. Ändå förblev Ānanda tyst. Han bad faktiskt Buddha att gå med på vissa villkor. Det var sju eller åtta mycket rimliga villkor, och Buddha accepterade dem alla. Ett var att om någonsin Buddha gav ett föredrag när Ānanda inte var närvarande, så skulle Buddha upprepa det för honom när han återvänt. Således hörde han varje föredrag de sista 25 åren av Buddhas liv. Han hade också hört Buddhas föredrag dessförinnan. Ānanda hade en underbar minnesförmåga tack vare sin praktik och sina goda egenskaper som han utvecklat. Om han hörde något en gång, kunde han sedan upprepa det när som helst, ord för ord, som en dator eller bandspelare idag.

Ānanda hade tjänat Buddha i 25 år. Han hade varit så nära honom och var väldigt hängiven honom, men han var ändå inte en *arahant*, inte helt befriad. Han var bara en *sotāpanna* – han hade nått det första stadiet av befrielse efter den inledande erfarenheten av *nibbāna*. Stadiet som följer är *sakadāgāmī*, sedan *anāgāmī* och sedan *arahant*. Av detta bör du förstå att en Buddha inte kan befria någon. Ānanda var så kunnig inom Dhamma: tusentals som fått undervisning av honom hade blivit *arahanter*, men han tjänade ständigt Buddha utan att ha tid till att själv göra framsteg.

Så Mahā Kassapa tog kontakt med honom och sa att nu när Buddha gått bort hade Ānanda tid, och som lärare kunde han tekniken så väl. Han bad Ānanda att arbeta på att bli en *arahant* och delta i mötet eftersom han skulle vara en stor tillgång där. Ānanda gick med på detta; han skulle meditera i ett par dagar, bli en *arahant* och delta.

Han började arbeta mycket ihärdigt i syfte att bli en *arahant*. Som lärare rådde han andra att inte utveckla ego, eftersom det är ett farligt hinder. När läraren själv praktiserar glömmer han ofta sin egen undervisning, och detta är vad som hände. Hans mål var – ”Jag måste bli en *arahant*”. Han gjorde inga framsteg. Mahā Kassapa kom och talade om för honom att mötet skulle påbörjas dagen därpå, utan honom om så var nödvändigt. Om han inte var en *arahant* skulle de välja någon annan. Återigen försökte han hela natten – ”Jag måste bli en *arahant*.” Natten gick mot till slut och solen gick upp. Utmattad beslöt han sig för att vila. Han grät inte, han hade den goda egenskapen. Nu strävade han inte längre efter att bli en *arahant*. Han bara accepterade det faktum att han inte var en *arahant*, utan endast en *sotāpanna*. Han gick för att vila som en god meditatör, medveten om kroppsförnimmelserna som uppstår och försvinner. Hans sinne var nu inte längre i framtiden, utan i verkligheten, i nuet. Innan huvudet nådde kudden, blev han en *arahant*.

Det är en medelväg. Med för mycket slapphet uppnår du ingenting. Med överansträngning blir sinnet obalanserat. Ānanda deltog i mötet.

Ānanda ombads nu att upprepa exakt vad Buddha hade sagt och alla läror sammanställdes. Tre indelningar gjordes, dessa kallas *Tipiṭaka*. *Ti* betyder tre, *piṭaka* innebär vanligen korg, men hänvisar också till skrifterna. Först är *Sutta-piṭaka*, de offentliga föredragen.

Den andra är *Vinaya-piṭaka*, föredragen för munkar och nunnor om disciplin och *sīla*. För lekmän är det tillräckligt att följa de fem föreskrifterna, *sīla*, men för munkar och nunnor fanns över 200 *sīla*, och detta var anledningen till den gamle munkens protester.

Den tredje är *Abhidhamma-piṭaka*, den högre Dhamma, djupare sanningar om naturlagarna som inte är lätta att förstå för en vanlig människa. Det är en analytisk studie av fenomenet materia-sinne i hela dess vidd, som förklarar i detalj den verkligheten som hänför sig till materia (*rūpa*), sinne (*citta*), och de mentala faktorerna, de mentala processerna, det som sinnet innehåller (*cetasika*). Den förklarar genomgripande hur de samverkar och påverkar varandra, hur materia och sinne stimulerar uppkomsten av både sig själva och varandra, samt sammankopplingar, strömningar och motströmningar djupt i människans innersta. Allt detta blir tydligt inte genom att bara läsa Abhidhamma, utan endast genom att djupgående praktisera Vipassana.

Ānanda ombads att recitera *suttorna* och Abhidhamma, och en annan *arahant*, Upāli, som var fulländad i disciplin, ombads att recitera Vinaya.

Detta föredrag ingår i *Sutta-piṭaka.*

Ānanda inleder med *Evaṃ me sutaṃ*, ”Detta är vad jag hört”, eftersom han hade hört det direkt från Buddha. Han ger också en förklaring till den situation där *suttan* gavs. ”Under en tid bodde (*viharati*) den Upplyste med Kurū-folket i Kammāssadhammaṃ, en av Kurū-folkets marknadsstäder.” *Viharati* används i Indien bara för mycket upplysta personer eller för de som utövar Dhamma. Kurū var då en av 16 stater i norra Indien, som nu kallas Haryana och som låg någonstans i närheten av Delhi och Punjab. Buddha sammankallade alla *bhikkhus*, det vill säga meditatörerna som var närvarande, och talade.

Kurū

Det finns ett skäl till att Buddha gav detta föredrag i Kurū. Buddha var inte ensam om att ha en hög aktning för folket i Kurū. *Bhagavad-Gītā*, som tillhör en annan indisk tradition, börjar med orden: *Dharmakṣhetre, Kurukṣhetre*, som betyder "på Dhammas slätt, på Kurus slätt ". I ett annat föredrag förklarar Buddha hur Kurū-folket levde moraliska liv i *sīla*, alla från kungen till den lägste undersåten. Detta var ganska ovanligt, och det som nu kallas *sīla-dhamma* var på den tiden känt som *Kurū-dhamma*. Moral var deras natur.

I ett av Buddhas tidigare liv som *bodhisatta*, regerade han över Kurū. Kaliṅga, den stat som nu kallas Odisha, drabbades av torka och svält år efter år. Man trodde på den tiden att hungersnöd inträffade när människor inte levde moraliska liv, eftersom härskaren själv inte levde ett moraliskt liv. De äldste i Kaliṅga rådde kungen att anta de fem föreskrifterna och följa dem, och låta hela folket göra detsamma. Det var också viktigt att föreskrifterna togs från någon som var fulländad i dem. De rekommenderade kungen av Kurū, som var en fulländad människa och vars undersåtar alla levde moraliska liv.

Två ambassadörer, som var brahminer, skickades. De berättade hela historien för kungen och bad honom att skriva ner föreskrifterna på en griffeltavla: å hans vägnar skulle de läsa dem för folket, som skulle börja tillämpa dem och på så vis komma ur sitt elände. Kungen av Kurū vägrade. Även om han hade levt ett perfekt liv i *sīla*, tyckte han att han hade begått ett litet misstag. Han sände dem till sin gamla mamma. Hon sade också att hon hade gjort ett litet misstag. Så skickades de till drottningen och, på samma sätt, successivt till kungens yngre bror, till premiärministern, finansministern, den främsta affärsmannen ända ner till körsvennen och väktaren vid grinden. Alla sade att de hade gjort ett litet misstag.

Men dessa misstag var så triviala. Kungen hade till exempel förevisat sin skicklighet i bågskytte. En pil föll i en damm och flöt inte. Kanske hade den trängt igenom en fisk. Huruvida den faktiskt gjort det är oklart. Folket i Kurū var så försiktiga.

Att ha en grund i *sīla* är nödvändigt. Men i glappet mellan en Buddha och en annan, gick andra delar av Dhamma förlorade, och detta är vad som hände. Den Dhamma som en Buddha ger är komplett och ren – *kevalaparipuṇṇaṃ, kevalaparisuddhaṃ*

– inget behöver läggas till eller tas bort. Allteftersom tiden går, försvinner viktiga delar. *Paññā*, den svåraste biten, försvinner först: bara intellektuell *paññā* återstår. Sedan försvinner ren *samādhi*: saker man föreställer sig blir kvar, men medvetenheten om verkligheten försvinner. *Sīla* återstår, men när de andra delarna försvunnit tillskrivs den alltför stor vikt och sträcks så långt att sinnet blir obalanserat. Samma sak händer i Indien idag: en del människor blir alltför obalanserade för att kunna utöva korrekt *samādhi* och *paññā*.

Buddha fördömde alltid *sīla-vata-parāmāsa*. *Vata* betyder löfte. *Parāmāsa* är att klamra sig fast. Utan ordentlig *samādhi* eller *paññā* ger människor ett löfte, *vata,* och tänjer en enda *sīla* i tron att det kommer att befria dem. Det är inget fel med *sīla* eller *vata*, båda är viktiga. Ett löfte att inte äta efter klockan 12 hjälper din meditation och att fasta under en dag håller dig frisk. Men när det går så långt att människor fastar i upp till en månad bara för att bevisa sin Dhamma, så tappar man bort syftet, essensen.

Så var den dåvarande situationen i Kurū. Deras *sīla* var god, men den hade tänjts. Även om det var fel, så är det fortfarande definitivt mycket bättre att följa *sīla* än att inte göra det. Det som de saknade i Dhamma kunde inhämtas genom att praktisera tekniken. *Suttan* talar därför inte om *sīla*, eftersom denna starka grund redan fanns där. Med en bra bas skulle Kurū-folket kunna förstå detaljerna i denna teknik mycket bättre. Därför gav Buddha denna *sutta* i Kurū.

Sedan vände han sig till *bhikkhave*. I det vanliga språket i Indien innebär *bhikkhu* en munk, en eremit, men i alla Buddhas läror innebär en *bhikkhu* var och en som praktiserar Dhamma. Det betyder därför en meditatör, vare sig det gäller en lekman – man eller kvinna – eller en munk eller nunna.

De inledande orden

Ekāyano ayaṃ, bhikkhave, maggo

Detta är den enda vägen.

Sattānaṃ visuddhiyā: att rena människorna. Det är sinnet som ska renas. Att tvätta utsidan av kroppen kommer inte att rena sinnet. Resultaten av denna rening följer:

Soka-paridevānaṃ samatikkamāya: att gå bortom mycket djup sorg, *soka,* och dess manifestation i gråt och klagan, *parideva.* När du praktiserar så kommer detta upp till ytan, och genom att observera det så tar du dig ur det, *samatikkamāya.*

Dukkha-domanassānaṃ atthaṅgamāya. På en subtilare nivå finns fortfarande obehagliga känslor i sinnet, *domanassa,* och obehagliga förnimmelser i kroppen, *dukkha.* Dessa utrotas också, *atthaṅgamāya.*

Ñāyassa adhigamāya. Ñāya betyder sanning. Om du ägnar dig åt kontemplation eller föreställer dig saker uppnår du inte detta resultat. Endast sinnets yta renas. Den djupaste sorgen kan endast avlägsnas när du observerar verkligheten i sinne och materia samt kopplingarna mellan dessa, från den grövsta skenbara sanningen till den mest subtila yttersta sanningen. Sanningen som Buddha upplevt kan endast befria Buddha. En Buddha kan bara visa vägen, det är du själv som måste följa den. *Ñāyassa adhigamāya* är vägen till befrielse.

Nibbānassa sacchikiriyāya. Nibbāna måste erfaras, *sacchikiriyāya,* genom att iaktta sanningen. Du måste nå sinnets och materians mest subtila verklighet och sedan gå bortom den. Sinnets och materians fält är *anicca,* allt uppstår och försvinner. På en grov nivå uppstår det, förefaller stanna ett tag, för att sedan försvinna. På en finare nivå passerar det med hög hastighet. På den allra subtilaste nivån finns bara vibrationer. Den yttersta sanningen bortom detta, är där inget uppstår eller passerar. Den är bortom sinne och materia, bortom hela det sensoriska fältet. Upplevelsen av *nibbāna* kan pågå några ögonblick, några minuter, några timmar; det beror på, men erfarenheten förändrar dig. Du kan inte förklara den. Naturligtvis kan människor ge långa intellektuella förklaringar, men sinnesorganen slutar att fungera i *nibbāna*. De kan inte användas för att förklara upplevelsen. Således är den sista av Dhammas sex egenskaper *paccattaṃ veditabbo*: den måste direkt och personligen upplevas inom varje individ.

Ekāyano maggo, ”detta är den enda vägen”, förefaller vara trångsynt.

De som inte har gått på vägen, eller inte har gått på den så mycket, kan känna sig obekväma. För dem som har följt vägen är det tydligt att den är den enda. Den är trots allt den universella naturlagen. Den kan upplevas och förstås av alla, oavsett religiös eller geografisk härkomst. Eld bränner handen, oavsett vem handen tillhör. Om du inte gillar att bli bränd så håll din hand borta – det gäller oavsett om du är buddhist eller kristen, australiensare eller amerikan. Tyngdlagen är ett faktum vare sig Newton finns eller inte. Lagen om relativitet är oavhängig av Einstein. På motsvarande sätt existerar naturens lag oavsett om det finns en Buddha eller inte. Det handlar om orsak och verkan. Två delar vätgas och en del syre blir vatten. Om endera saknas på en planet, kan inget vatten uppstå. Detta är naturens lag. Detta är Dhamma. När du fortsätter – och går mycket djupare i ditt arbete – kommer du att förstå detta. Om du inte vill vara olycklig måste du avlägsna roten till olyckan. Då kommer det resulterande eländet automatiskt att försvinna.

Om du tror att någon övernaturlig makt kommer att befria dig trots alla dina mentala orenheter, ägnar du dig åt önsketänkande. Det kommer inte att hända. Du måste arbeta enligt naturens lag. Du måste förändra din nuvarande djupa vana att reagera i okunnighet, eftersom det är denna vana som gör att du fortsätter att uppleva elände.

I denna mening är det *ekāyano maggo*, och Buddha fortsätter att beskriva det.

... *yadidaṃ cattāro satipaṭṭhānā*: det vill säga, de fyra *satipaṭṭhānā*. Observera hur det i detta skede finns fyra *satipaṭṭhānā* eller fyra sätt att etablera medvetenhet med visdom. Det första är:

Kāye kāyānupassī viharati ātāpī sampajāno satimā, vineyya loke abhijjhā domanassaṃ.

Kāye kāyānupassī viharati: att iaktta kroppens verklighet i kroppen. Utövandet sker *ātāpī*, mycket ivrigt, flitigt, *sampajāno*, med visdom om uppkomst och försvinnande, och *satimā*, med medvetenhet. Detta sker utan att man föreställer sig något, utan istället genom fullständig medvetenhet, med visdom. Man observerar sanningen som hänför sig till kroppen, såsom den upplevs inom kroppen. Detta görs genom *vineyya*, som betyder att hålla sig borta från, *abhijjhā-domanassaṃ*, begär till och motvilja mot *loke*, fenomenen som rör sinne och materia.

Vedanāsu vedanānupassī viharati ātāpī sampajāno satimā, vineyya loke abhijjhā domanassaṃ.

Det andra är *vedanāsu vedanānupassī viharati*: att iaktta sanningen om kroppsliga förnimmelser. Återigen sker detta utan att man föreställer sig något. Sanningen observeras inom de kroppsliga förnimmelserna, genom direkt erfarenhet på samma sätt.

Citte cittānupassī viharati ātāpī sampajāno satimā, vineyya loke abhijjhādomanassaṃ.

På samma vis är det tredje sättet *citte cittānupassī viharati*: att iaktta sinnets verklighet i sinnet.

Dhammesu dhammānu passī viharati ātāpī sampajāno satimā, vineyya loke abhijjhādomanassaṃ.

Det fjärde är *dhammesu dhammānupassī viharati*: att iaktta verkligheten i det mentala innehållet, naturens lag, av sinne och materia, inom lagen, inom det mentala innehållet. Detta görs på samma sätt.

Dessa fyra *satipaṭṭhāna*, att observera sanningen som rör kroppen, eller kroppsförnimmelserna, eller sinnet, eller sinnets innehåll, måste alla upplevas direkt. Intellektuell förståelse ger dig inspiration och vägledning i din praktik, men det är bara erfarenhet som kommer att ge resultat. Det kommer du att förstå allteftersom vi går vidare.

Nu arbetar du med andningen, detta ögonblicks verklighet, som den är, som den kommer och går, djup eller ytlig. Försök också att förbli medveten om förnimmelsernas verklighet i detta område av kroppen, under näsborrarna och ovanför överläppen, som den tar sig uttryck från ögonblick till ögonblick. Objektet är detta område av kroppen. Försök att vara medveten utan avbrott dag och natt, förutom när du är i djup sömn. För det mesta kommer att sinnet att vandra iväg. Du kommer att glömma att vara medveten, du kan inte hjälpa det, men så fort du blir varse om detta, så för sinnet tillbaka. Utveckla ingen känsla av besvikelse eller nedstämdhet. Acceptera bara att sinnet har vandrat iväg och börja på nytt. Arbeta med större allvar och flit nu. Tiden är mycket knapp. Du har kommit till en kurs med en mycket seriös atmosfär, utan nya elever som stör. Använd den för ditt eget bästa, för din nytta och glädje, för din befrielse. Må ni alla njuta sann frid, harmoni, lycka.

Må alla varelser vara lyckliga.

DAG TRE

Den tredje dagen av *Satipaṭṭhāna*kursen är över.

Vi uttryckte vår tacksamhet till den gamle munken eftersom det var på grund av honom som Mahā Kassapa bestämde sig för att sammanställa allt som Buddha lärt ut. Detta medförde att Buddhas lära bevarades i sin ursprungliga renhet från generation till generation. Något ogynnsamt leder ibland till något väldigt gott. Det var detta som hände. Sex möten har hållits genom århundradena där munkar reciterat och kontrollerat *Tipiṭaka* för att ta bort eventuella misstag som smugit sig in. Tre av sammankomsterna hölls i Indien, en på Sri Lanka och två i Myanmar. Den sjätte och senaste hölls i Rangoon (numera Yangon) 1955-56, 2 500 år efter Buddhas död. Precis som vi känner tacksamhet till de som bevarade praktiken i sin ursprungliga renhet känner vi även tacksamhet till de som bevarade Buddhas ord i sin ursprungliga renhet. Idag kan vi jämföra Buddhas ord med tekniken och inspireras ytterligare genom att veta att vi arbetar precis så som Buddha ville. Låt oss fortsätta med föredraget.

Fyra slags *satipaṭṭhāna*

Som tidigare beskrivits finns det fyra slags *satipaṭṭhāna*:

> *kāye kāyānupassī viharati ātāpī sampajāno satimā, vineyya loke abhijjhādomanassaṃ;*
>
> *vedanāsu vedanānupassī viharati ātāpī sampajāno satimā, vineyya loke abhijjhādomanassaṃ;*
>
> *citte cittānupassī viharati ātāpī sampajāno satimā, vineyya loke abhijjhādomanassaṃ;*

dhammesu dhammānupassī viharati ātāpī sampajāno satimā, vineyya loke abhijjhādomanassaṃ.

Syftet med *satipaṭṭhāna* är att utforska det som man identifierar sig med som "jag" och som ger upphov till så mycket fastklamrande. Det vi identifierar oss med utgörs av två olika områden, *kāya* (kropp) och *citta* (sinne). Utforskandet måste ske genom egen erfarenhet och får inte begränsas till att ske på en intellektuell nivå. Om du försöker förstå kroppen genom att föra uppmärksamheten till t.ex. huvudet och konstaterar att "Det här är mitt huvud", så är det bara en intellektuell sanning, det *saññā* (urskiljning) säger. För att uppleva verkligheten måste du känna huvudet, dvs. känna kroppsförnimmelser. När man utforskar hänger *kāya* (kropp) och *vedanā* (kroppsförnimmelse, kännande) samman.

På samma sätt med *citta*: att bara sätta sig ner och konstatera att det här är ditt sinne är bara att föreställa sig något, eller i bästa fall en intellektuell förståelse. För att uppleva sinnet måste något uppstå i sinnet, kanske ett starkt begär eller motvilja, eller en tanke. Det uppstår och försvinner. Vad som än uppstår i sinnet kallas *dhamma.* Med *dhamma* menas här *dhāretī ti dhamma,* "det som innesluts" av *citta.* Precis som *kāya* och *vedanā* hänger ihop, hänger *citta* och *dhamma* ihop. Buddha insåg ytterligare en verklighet genom egen erfarenhet och förklarade: *vedanā-samosaraṇā sabbe dhammā.* "Allt som uppstår i sinnet börjar flöda med en förnimmelse på kroppen". *Samosaraṇā* betyder "samlas ihop och flöda".

Därför blir *vedanā* så viktigt. För att utforska *kāya* måste du känna kroppsförnimmelser. Likadant med utforskandet av *citta* och *dhamma,* allt som uppstår i sinnet manifesterar sig som en kroppsförnimmelse.

Fortsättningsvis beskrivs varje *satipaṭṭhāna* på ett liknande sätt:

Kāye kāyānupassī viharati: *anupassī* kommer från *passana* eller *dassana* som betyder "att se", "att titta". Du ser saker själv, direkt. *Vipassanā* betyder att se på ett särskilt sätt, dvs. på rätt sätt. *Vividhena* betyder på olika sätt, från olika perspektiv. *Vicayena* betyder att dela upp, sönderdela, lösa upp. Så du iakttar den verklighet som uppstått, vilken den än är. *Anupassanā* betyder utan avbrott, kontinuerligt, från ögonblick till ögonblick. Så *kāye kāyānupassī* är att iaktta kroppen inom sig, i kroppen, från ögonblick till ögonblick. På samma sätt är *vedanāsu* i kroppsförnimmelser, *citte* i sinnet och *dhammesu i* sinnets innehåll.

I Vipassana föreställer man sig inte något. Du skulle kunna föreställa dig en förnimmelse och att den förändras utan att egentligen uppleva den. Men detta är inte verkligheten som den är, där den är. Du måste uppleva kroppen i din egen kropp, kroppsförnimmelser i dina egna kroppsförnimmelser, sinnet i ditt eget sinne, sinnets innehåll i ditt eget sinnes innehåll. Därför lever en meditatör och observerar kroppen i kroppen, *ātāpī sampajāno satimā.*

Ordagrant betyder *tapa* "brinna", "bränna", och *ātāpī* någon som "brinner", "bränner". En meditatör som arbetar flitigt, full av glöd, bränner upp mentala orenheter. *Satimā* betyder "medveten". *Sampajāno* innebär att man praktiserar *sampajañña.* Tillsammans med medvetenhet måste det finnas *sampajañña,* dvs. den *paññā* som upplever att *vedanā* uppstår och försvinner. Föränderlighet måste upplevas på *vedanās* nivå. Så vare sig man iakttar *kāya, vedanā, citta* eller *dhammā,* så måste detta ske *ātāpī sampajāno satimā.*

Vineyya loke abhijjhā-domanassaṃ ... Håller sig borta från begär och motvilja mot denna värld av sinne och materia.

Vineyya betyder hålla sig borta från, eller att avstå från. *Loke* är universums alla plan. Här betyder *loke* sinne och materia i hela dess omfattning, de fem sammansatta fysiska och mentala fenomen som utgör "jag", dvs. materia (*rūpa*) och de fyra mentala grupperna; medvetande (*viññāṇa*), urskiljning (*saññā*) kroppsförnimmelse (*vedanā*) och reaktion (*saṅkhāra*). *Vedanā* är grunden för att kunna praktisera samtliga fyra *satipaṭṭhāna.* Detta är på grund av att begär och motvilja (*abhijjhā-domanassaṃ*) inte kan uppstå om man inte känner något (*vedanā*). Endast om en kroppsförnimmelse är behaglig uppstår begär, och endast om en kroppsförnimmelse är obehaglig uppstår motvilja. Om man inte upplever kroppsförnimmelser så vet man över huvud taget inte att begär eller motvilja har uppstått och kan därför inte bli fri från dem.

Ānāpānapabbaṃ – att iaktta andningen

När man undersöker materiens område, kroppen (*kāya*), handlar den första delen om *Ānāpāna,* andningen som går in och ut.

Idha, bhikkhave, bhikkhu araññagato vā rukkhamūlagato vā suññāgāragato vā

För att praktisera krävs en enslig, avskild plats utan störningar. Meditatören beger sig till en skog (*arañña-gato vā*), till foten av ett träd (*rukkha-mūla-gato vā*), eller till en plats där ingen bor (*suññāgāra-gato vā*), som de celler där ni sitter och mediterar, något av dessa tre alternativ.

nisīdati pallaṅkaṃ ābhujitvā, ujuṃ kāyaṃ paṇidhāya

Meditatören måste sitta ner (*nisīdati*). *Pallaṅkaṃ ābhujitvā* betyder "med korslagda ben". Man måste inte sitta i hel eller halv lotusställning. Kan man det håller man sig lättare uppmärksam och skärpt, men annars duger vilken ställning som helst med korslagda ben, som man kan sitta bekvämt i under längre tid. Överkroppen måste vara rak: *ujuṃ kāyaṃ paṇidhāya.*

parimukhaṃ satiṃ upaṭṭhapetvā

Man fäster uppmärksamheten runt munnen, vid näsöppningarna: *parimukhaṃ.* Vissa traditioner har översatt detta som "framför", som om man föreställer sig att man fäster uppmärksamheten framför sig, men detta skapar dualitet. Man måste känna andningen när den går in och ut runt munnen, ovanför överläppen, dvs. *parimukhaṃ.*

Och så börjar man arbeta.

So sato va assasati, sato va passasati.

Medveten andas man in, medveten andas man ut.

Dīghaṃ vā assasanto 'Dīghaṃ assasāmīti' pajānāti, dīghaṃ vā passasanto 'Dīghaṃ passasāmīti' pajānāti.

När man andas in ett djupt andetag (*dīgha*), så förstår man (*pajānāti*): ”Inandningen är djup”. När man andas ut ett djupt andetag så förstår man: ”Utandningen är djup”. Både den långa inandningen och den långa utandningen förstås såsom de är, eftersom man känner andningen, man upplever den.

Rassaṃ vā assasanto 'Rassaṃ assasāmīti' pajānāti, rassaṃ vā passasanto 'Rassaṃ passasāmīti' pajānāti.

Nu blir andningen ytlig, kort (*rassa*) och man förstår den som den är. Du kommer märka att varje mening motsvarar ett steg på vägen, en ny upplevelse. När sinnet lugnas ner blir det mindre oroligt och andningen blir kort. Man kontrollerar inte andningen som i en andningsövning, man bara iakttar.

'Sabbakāyapaṭisaṃvedī assasissāmī' ti sikkhati; 'sabbakāyapaṭisaṃvedī passasissāmī' ti sikkhati.

Nu övar man sig: ”Jag andas in och känner hela kroppen (*sabbakāyapaṭisaṃvedī*), jag andas ut och känner hela kroppen”. Istället för *pajānāti,* att förstå på rätt sätt, används nu *sikkhati,* ”man lär, tränar sig”. Efter att ha arbetat en eller två dagar med andningen börjar man uppleva kroppsförnimmelser inom detta område. Man fortsätter att arbeta med både andning och förnimmelser och börjar känna förnimmelser över hela kroppen – *sabba-kāya.* Till en början är förnimmelserna mycket grova, stelnade och intensiva, men när man fortsätter arbeta tålmodigt och ihärdigt och behåller sinnesjämvikt med varje upplevelse, så löses hela kroppen upp till subtila vibrationer. På detta stadium som kallas *bhaṅga,* upplösning, är all fasthet borta. Man börjar med den naturliga andningen, och övar sig för att nå det viktiga stadiet då man känner förnimmelser över hela kroppen i ett andetag. Från huvudet till tårna när du andas ut, från tårna till huvudet när du andas in.

Om man inte praktiserar uppstår förvirring. Andra traditioner tolkar dessa ord som ”andningens kropp”, man känner andningens början, mitt och slut, hela andningen. Och det är klart, när man andas in syresätts blodet och går genom hela kroppen från toppen av huvudet till tårna, och med blodet flödar förnimmelser. Man skulle kunna tolka det så, men vi praktiserar *kāyānupassanā.* Man måste känna hela kroppen och det är detta en meditatör upplever.

När *bhaṅga* kommer, efter alla obehagliga förnimmelser, är sinnets vana att reagera med begär och fastklamrande. Detta är ett mycket farligt (*ādīnava*) och skrämmande (*bhaya*) stadium. Det är mycket lättare att bli fri från motvilja mot en obehaglig förnimmelse än att bli fri från begär till en behaglig förnimmelse. Dessutom föder begäret motvilja, och i Vipassana ska man arbeta *vineyya loke abhijjhā-domanassaṃ* – fri från begär och motvilja. Man måste hela tiden ha klart för sig att även behagliga förnimmelser är *anicca,* inget annat än mycket små vågrörelser, bubblor, som uppstår och försvinner. Om man iakttar detta med *paññā,* kommer orenheterna att utplånas, och man når ett tillstånd av stort inre lugn och stillhet.

'Passambhayaṃ kāyasaṅkhāraṃ assasissāmī' ti sikkhati,
'passambhayaṃ kāyasaṅkhāraṃ passasissāmī' ti sikkhati.

I detta tillstånd med kroppsaktiviteterna (*kāyasaṅkhāra*) stillade (*passambhayaṃ*), övar man sig att andas in och ut. Återigen används ordet *sikkhati,* eftersom man når detta stadium genom övning. Att sitta en timme i *adhiṭṭhāna,* utan att röra sig, var till en början så svårt, men blir nu helt naturligt. Kroppen är helt stilla eftersom det inte finns obehagliga förnimmelser någonstans. Andningen är nu den enda rörelsen. Den är också *kāya-saṅkhāra,* en rörelse eller kroppsaktivitet. När man tränar sinnet att bli lugnt och stilla blir också andningen kortare, lugnare, och så ytlig att den när den går ut genom näsborrarna bara gör en U-sväng och går in igen. Ibland verkar den stanna av helt. Den blir så förfinad. Återigen finns det en risk att man klänger sig fast vid denna upplevelse och misstar den för slutmålet. Nu ger Buddha ett exempel med en snickare eller svarvare som arbetar med trä. I sin svarv formar han trästycken till t.ex. bordsben. Svarvaren eller hans svarvarlärling vet mycket väl (*pajānāti*) när han gör ett djupt skär, eller när han gör ett ytligt skär, precis som meditatören mycket väl vet (*pajānāti*) om andningen är djup eller ytlig.

Detta exempel med svarvaren som formar ett trästycke är väl valt för att vi ska förstå att skäret sker på den punkt där skärstålet vidrör träet. På samma sätt ska uppmärksamheten begränsas till det område där andningen berör huden. Man ska inte följa andningen ner i lungorna eller ut i luften. Man är medveten om det begränsade området och där känner man hela andningen då den går in och då den går ut.

> *Iti ajjhattaṃ vā kāye kāyānupassī viharati, bahiddhā vā kāye kāyānupassī viharati, ajjhattabahiddhā vā kāye kāyānupassī viharati.*

I nästa viktiga stadium känner man med hjälp av andningen hela kroppen på insidan, *ajjhattaṃ*. Sen känner man även kroppen på utsidan, *bahiddhā*, på kroppsytan. Slutligen känner man kroppen på både insidan och utsidan samtidigt.

Det här är Buddhas egna ord. En del kommentarer och kommentarer till kommentarer skrevs 1 000 till 1 500 år efter Buddha. En del har till och med tillkommit nyligen. De ger många bra förklaringar av Buddhas ord, och en underbar helhetsbild av den tidens samhälle – av politik, samhällsliv, undervisning och ekonomi. Men ibland görs vissa tolkningar som den här traditionen inte kan hålla med om. Till exempel tolkar en del kommentarer *ajjhattaṃ* som meditatörens kropp, vilket vi håller med om, men *bahiddhā* som någon annans kropp, trots att ingen annan är där. Man förklarar det med att meditatören kan föreställa sig någon annan, att alla varelser andas in och ut på detta sätt. Vi kan inte godta detta eftersom det vore att föreställa sig saker, och i denna tradition är *vipassanā* eller *anupassanā* att iaktta kroppen *i* kroppen (*kāye*). Därför säger vår tradition att *bahiddhā* är kroppsytan, men fortfarande inom kroppen.

Man kan också tolka *ajjhatta-bahiddhā* som förhållandet mellan de fem sinnesdörrarna och deras respektive objekt. När ett yttre objekt kommer i kontakt med ögonen, öronen, näsan, tungan eller huden, så känner man det inom kroppen, men på kroppsytan. Även sinnet är inom kroppen, men en tanke som uppstår i sinnet rör något utanför kroppen. Men *suttan* syftar inte på att man ska börja tänka på eller föreställa sig en annan kropp.

De kommande meningarna upprepas i varje kapitel. De beskriver hur Vipassana ska praktiseras, och man måste noga se till att förstå dem rätt.

> *Samudayadhammānupassī vā kāyasmiṃ viharati, vayadhammānupassī vā kāyasmiṃ viharati, samudaya vayadhammānupassī vā kāyasmiṃ viharati ...*

Samudaya-dhammānupassī: man iakttar *dhamma,* verkligheten, eller sanningen om uppkomst (*samudaya*) inom kroppen. Sedan iakttar man sanningen om upphörande, försvinnande (*vaya*). En grov kroppsförnimmelse uppstår, dröjer kvar ett tag, och försvinner sedan. Uppkomst och försvinnande upplevs som åtskilda. När man sen upplever fullständig upplösning, *bhaṅga,* så uppstår och försvinner mycket subtila vibrationer med hög hastighet. *Samudaya* och *vaya* upplevs samtidigt, de är inte längre åtskilda. Det första viktiga delmålet enligt *Visuddhimagga,* Reningens väg, kallas *udayabbaya,* när uppkomst och försvinnande är åtskilda. En meditatör måste förstå detta liksom nästa delmål, *bhaṅga.*

> *...'atthi kāyo' ti vā panassa sati paccupaṭṭhitā hoti.*

Nu är man klart medveten: ”Detta är kropp” (*'atthi kāyo' ti*). I detta tillstånd upplever man inte kroppen som ”jag” eller ”min” utan bara som kropp, som en massa av vibrationer, bubblor, vågrörelser. Det är bara en anhopning subatomära partiklar, *kalāpa,* som uppstår och försvinner. Varken bra eller dåligt, vackert eller fult, vitt eller brunt. Till en början accepterar man *anattā,* egolöshet, intellektuellt eller av hängivenhet, baserat på vad någon annan lärt ut. Själva upplevelsen börjar med *anicca,* eftersom varje kroppsförnimmelse som är behaglig förr eller senare blir till en obehaglig. Man inser faran med fastklamrande. Den är *dukkha* eftersom dess natur är att förändras. Sedan förstår man *anattā*: man känner att kroppen inte är annat än subatomära partiklar som uppstår och försvinner, och då försvinner automatiskt fastklamrandet vid kroppen. Det är ett högt stadium när man i varje ögonblick är fast förankrad, *paccupaṭṭhitā hoti,* i medvetenhet, *sati,* om denna sanning.

Man går vidare:

Yāvadeva ñāṇamattāya paṭissatimattāya …

Matta betyder enbart, bara. Att det finns enbart visdom, enbart kunskap, enbart iakttagande. Och detta till den grad att det inte längre finns någon vis människa, ingen som kan veta eller uppleva. I en annan indisk tradition kallas det *kevalañāṇa kevaladassana,* ren förståelse, ren iakttagelse.

På Buddhas tid levde en mycket gammal eremit i Supārapattaṃ, nära dagens Mumbai. Han praktiserade alla åtta *jhāna,* djupa absorptionsstadier, och trodde sig vara helt upplyst. Men någon som ville honom väl rättade honom och berättade att det nu fanns en Buddha i Sāvatthi som kunde lära honom tekniken för att bli helt upplyst. Eremiten blev överlycklig och tog sig hela vägen till Sāvatthi i norra Indien. När han kom fram till det center där Buddha bodde fick han veta att Buddha hade gått ut för att tigga mat, så han gick direkt till staden. Han såg Buddha komma gående och förstod omedelbart att detta måste vara den han sökte. Där och då bad han att få lära sig tekniken för att bli en *arahant.* Buddha bad honom komma till centret efter någon timme för att lära sig tekniken, men eremiten insisterade. Kanske hinner han dö inom en timme, eller kanske Buddha dör, eller kanske tappar han det djupa förtroendet han hade för Buddha. Nu fanns alla dessa tre. Buddha såg på mannen och insåg att han väldigt snart skulle dö och därför borde få Dhamma genast. Det räckte med några få ord då den gamle eremiten var högt utvecklad. Så där vid sidan av vägen sa Buddha: *Diṭṭhe diṭṭhamattaṃ bhavissati* … "När du ser bara se, när du hör bara hör, när du luktar bara lukta, när du smakar bara smaka, när du känner bara känn, och när du vet bara vet" … *viññāte viññātamattaṃ bhavissati.*

Detta räckte. När man når det stadium där man bara vet spelar det ingen roll vad man vet eller vem som vet. Det finns bara djup förståelse. Man tar ett dopp i *nibbāna,* och där finns inget att hålla fast vid, ingen grund att stå på (*anissito*).

… anissito ca viharati, na ca kiñci loke upādiyati

Man går bortom hela universum, bortom denna värld av sinne och materia (*loka*), utan att klänga sig fast vid något (*upādiyati*).

Detta varar i några minuter eller några timmar beroende på ens förmåga och hur mycket man praktiserat. En människa som befinner sig i *nibbāna* framstår på flera sätt som död. Sinnesorganen fungerar inte men inuti är man mycket medveten, mycket uppmärksam, mycket vaken. Efter detta återvänder man och lever återigen i sinnevärlden, men en fullt upplyst människa klänger sig inte längre fast vid något, eftersom det inte längre finns något begär. I hela detta universum finns inget man klänger sig fast vid, och inget kan heller klänga sig fast vid en sådan människa. Det är detta tillstånd som beskrivs. Så en meditatör övar. De som praktiserar enligt dessa rader kommer förstå betydelsen av varje ord, men att förstå intellektuellt hjälper inte. Verklig förståelse kommer genom egen erfarenhet.

Iriyāpathapabbaṃ – kroppsställningar

Iriyāpatha betyder kroppsställningar.

> *gacchanto vā 'gacchāmī' ti pajānāti, ṭhito vā 'ṭhitomhī' ti pajānāti, nisinno vā 'nisinnomhī' ti pajānāti, sayāno vā 'sayānomhī' ti pajānāti.*

När man går (*gacchanto*), förstår man helt och fullt att "jag går" (*'gacchāmi'*). På samma sätt när man står (*ṭhito*), sitter (*nisinno*) eller ligger ner (*sayāno*) så förstår man detta helt och fullt. Så är det i början. I nästa mening avses inte att "jag" utan "kroppen" intar olika ställningar (*yathā yathā paṇihito*) och att man är helt och fullt medveten om det.

> *Yathā yathā vā panassa kāyo paṇihito hoti, tathā tathā naṃ pajānāti.*

Sedan upprepas samma meningar som tidigare, kroppen iakttas på insidan, på utsidan och på både insidan och på utsidan samtidigt. Uppkomst iakttas, sedan försvinnande, och därefter båda samtidigt.

I själva verket är det kroppsförnimmelserna som iakttas och som uppstår och försvinner, eftersom *sampajāñña,* att förstå att deras natur är *anicca,* måste finnas där jämt, som i varje kapitel. Därefter kommer medvetenheten om att "detta är kropp", att detta inte är "jag". Denna medvetenhet är förankrad i visdom. Sedan finns bara förståelse, bara medvetenhet utan något att hålla fast vid.

Iti ajjhattaṃ vā kāye kāyānupassī viharati ... 'atthi kayo' ti ... na ca kiñci loke upādiyati.

Sampajānapabbaṃ – oavbruten och full förståelse av föränderlighet

... Abhikkante paṭikkante sampajāna-kārī hoti. Ālokite vilokite ... samiñjite pasārite ... saṅghāṭi-patta-cīvara-dhāraṇe ... asite pīte khāyite sāyite ... uccāra-passāva-kamme ... gate ṭhite nisinne sutte jāgarite bhāsite tuṇhī-bhāve sampajāna-kārī hoti.

"När man går framåt eller tillbaka, tittar rakt fram eller åt sidan, böjer sig eller sträcker sig, iklädd munkdräkt eller med tiggarskål, äter, dricker, tuggar, går på toaletten, går, står, sitter, ligger ner vaken eller sovande, talar eller tiger", så gör man det med *sampajañña* (*sampajāna-kārī hoti*).

Sedan upprepas samma stadier som tidigare:

Iti ajjhattaṃ vā kāye kāyānupassī viharati ... 'atthi kayo' ti ... na ca kinci loke upādiyati.

Som vi sett måste *sampajañña* finnas med överallt, hela tiden. Buddha fick ofta frågan vad han menade med *sati.* När han förklarade fanns alltid *sampajañña* med i svaret:

kāye kāyānupassī viharati ātāpī sampajāno satimā vedanāsu vedanānupassī viharati ātāpī sampajāno satimā citte cittānupassī viharati ātāpī sampajāno satimā dhammesu dhammānupassī viharati ātāpī sampajāno satimā.

Utan *sampajañña* är *sati* ingen verklig *sati*. En cirkusflicka som går på lina är hela tiden fullt medveten om varje steg hon tar, men hon är inte *sampajāno*. Om man inte är medveten om uppkomst och försvinnande leder det inte till befrielse.

När man frågade Buddha om *sampajañña* gav han ett av två svar. Det ena var att man med *paññā* iakttar *vedanā* (kroppsförnimmelser) uppstå, dröja kvar och försvinna. Man iakttar *saññā* (urskiljning) uppstå, dröja kvar och försvinna. Och man iakttar *vitakka* (sinnesobjektet) t.ex. ett ljud för örat uppstå, dröja kvar och försvinna. Dessa tre, *vedanā*, *saññā* och *vitakka* kallas även *dhammā* och de uppstår med förnimmelse på kroppen – *vedanā-samosaraṇā sabbe dhammā*. Återigen, när man talar om *sampajañña* blir kroppsförnimmelser samt hur de uppstår och försvinner centralt.

Det andra svaret Buddha gav, är det som tas upp i den här paragrafen i suttan. Vad man än gör kroppsligt, så gör man det med *sampajañña*. Det krävs kontinuitet, medvetenheten måste vara oavbruten.

För att belysa detta sa Buddha i ett annat föredrag:

> *Yato ca bhikkhu ātāpī, sampajaññaṃ na riñcati; tato so*
> *vedanā sabbā parijānāti paṇḍito.*
>
> *So vedanā pariññāya diṭṭhe dhamme anāsavo,*
> *kāyassa bhedā Dhammaṭṭho, saṅkhyaṃ nopeti vedagū.*

”En meditatör som övar mycket flitigt, tappar inte *sampajañña* ens för ett ögonblick.

En sådan människa förstår alla kroppsförnimmelser helt och fullt. När han förstår dem helt och fullt, befrias han från alla orenheter. Genom att vara förankrad i Dhamma och förstå kroppsförnimmelser helt och fullt, når en sådan människa, när kroppen löses upp, det obeskrivliga stadiet bortom den betingade världen.”

En *arahant* som har förstått kroppsförnimmelser i hela deras utsträckning, från den grövsta till den mest förfinade, återvänder inte till denna värld av uppkomst och försvinnande efter döden. *Sampajañña* är därför en mycket viktig del av Buddhas lära. Om man inte förstår detta kan man dras in på fel väg.

Ibland ger översättningar upphov till missförstånd. Man ska inte döma ut andra traditioner, men vi måste förstå vad det är vi gör. Ibland översätts *sampajañña* felaktigt som ”klar uppfattning”. Klar uppfattning om vad?

Ofta tolkas det som klar uppfattning om ”grövre detaljer”, t.ex. när man går har man klar uppfattning om att man lyfter ett ben, rör det framåt, sätter ner det, lyfter det andra benet, osv. Men Buddha vill att man känner *vedanā,* hur de uppstår, dröjer kvar och försvinner. Om man inte har förståelse av *vedanā* förvanskas hela tekniken.

Därför måste *sampajañña* finnas med hela tiden, till och med när man sover. När man börjar meditera får man veta att i djup sömn är man hjälplös, och att det räcker att vara medveten om kroppsförnimmelser när man är vaken. Men det kommer ett högt stadium i meditationen där man inte sover alls. Man ligger ner och vilar, men med *sampajañña,* medveten om hur kroppsförnimmelser uppstår och försvinner, medveten om *anicca.* Under kurser händer det att elever berättar att de upplevt detta, att de legat vakna hela natten men ändå känner sig utvilade. De var med *sampajañña.*

I varje kapitel upprepas vissa ord som visar på vikten av *sampajañña. Ātāpī sampajāno satimā* tillämpas när det gäller att iaktta *kāya, vedanā, citta* och *dhammā; sampajañña* måste finnas. På samma sätt, och detta gäller hela suttan igenom, måste *samudaya-*, *vaya-*, och *samudaya-vayadhammānupassī,* ske med *sampajañña* och kroppsförnimmelser. Ett exempel: i Myanmar finns många pagoder på höjder som nås via trappor, en i varje väderstreck från öst, väst, norr och söder. På liknande sätt spelar det ingen roll om man börjar med *kāya, vedanā, citta,* eller *dhammā,* för när man kommer upp till galleriet förenas de alla i *vedanā,* och när man når det innersta rummet är *nibbāna* detsamma. Oavsett vilken trappa man började vid kommer man till slut till *vedanā* och *sampajañña.* Och så länge man är med *sampajañña* rör man sig steg för steg närmare slutmålet.

Ta vara på tiden. Du måste arbeta, ingen annan kan göra arbetet åt dig. *Pariyatti* ger bra vägledning och inspiration, men det är bara när du arbetar som det bär frukt. Du praktiserar *paṭipatti* och *paṭivedhana* för att slå hål på bubblan av okunnighet och uppleva sanningen om sinnet, materian och sinnets innehåll, för att uppleva *nibbāna*. Ta väl vara på tillfället och de möjligheter som ges här. Ta väl vara på denna underbara Dhamma för ditt eget bästa, för din nytta och glädje, för att bli fri från livets lidande, från livets alla bördor. Må ni alla njuta sann frid, sann harmoni, sann lycka.

Må alla varelser vara lyckliga.

DAG FYRA

Den fjärde dagen av *Satipaṭṭhāna*kursen är över. Vi fortsätter att gå igenom suttan och försöker förstå den i relation till meditationspraktiken.

Vi är fortfarande i avsnittet om *kāyānupassanā.* Du kan börja med *kāyānupassanā, vedanānupassanā, cittānupassanā,* eller *dhammānupassanā,* eller med något av avsnitten i *kāyānupassanā,* men i takt med att du går vidare flyter de alla samman. Du måste nå vissa viktiga stadier. Du måste känna kroppens insida (*ajjhattaṃ*) och utsida (*bahiddhā*), och därefter insidan och utsidan samtidigt (*ajjhatta-bahiddhā*). Du måste uppleva uppkomst och försvinnande (*samudaya-dhammānupassī viharati, vaya-dhammānupassī viharati*) och sedan båda samtidigt (*samudaya-vaya-dhammānupassī viharati*). Du måste känna hela kroppen som en massa av vibrationer som uppstår och försvinner mycket fort, upplevelsen av *bhaṅga.* Då upplever du kroppen som bara kropp (*'Atthi kāyo' ti*), eller kroppsförnimmelser som bara kroppsförnimmelser, sinne som bara sinne, eller sinnets innehåll som bara sinnets innehåll. Då identifierar du dig inte med det. Sedan kommer ett stadium av ren medvetenhet (*paṭissati-mattāya*) och ren förståelse (*ñāṇa-mattāya*), utan någon värdering eller reaktion.

När du går vidare och blir alltmer förankrad i praktiken, kommer djupare och djupare *saṅkhāra* upp till ytan och försvinner. De försvinner, förutsatt att du är fri från begär och motvilja till kroppsförnimmelserna,

vineyya loke abhijjhā-domanassaṃ.

I ett annat föredrag illustrerade Buddha detta så här:

> *Sabba kamma jahassa bhikkhuno, dhunamānassa pure kataṃ rajaṃ*

När en meditatör inte skapar ny *kamma,* kardas gamla orenheter ut i samma ögonblick som de uppstår.

När en meditatör slutar generera *kamma saṅkhāra,* (dvs. nya handlingar eller reaktioner) kardas gamla orenheter ut – *pure kataṃ rajaṃ. Dhunamānassa* betyder att karda eller kamma bomull, att separera varenda fiber, reda ut varenda tova och avlägsna all smuts. Detta sker närsomhelst då du inte skapar nya *saṅkhāra,* men de allra djupast rotade orenheterna kan bara komma upp till ytan efter *bhaṅga.* Om du fortsätter skapa *saṅkhāra,* mångfaldigar du hopade orenheter. Slutar du skapa *saṅkhāra* och behåller sinnesjämvikten, kommer skikt efter skikt av *saṅkhāra* att utplånas.

Dhamma är till vår fördel. De orenheter som kommer upp till ytan först, är de som skulle ha resulterat i ett nytt liv fyllt av elände och lidande. När de utplånas blir du fri från det lidandet:

> *uppajjitvā nirujjhanti, tesaṃ vūpasamo sukho*
>
> **När det som uppstått har släckts ut, återstår lycka.**

När alla *saṅkhāra* som skulle ha dragit ner dig till lägre världar är utplånade, är sinnet i perfekt balans, redo att gå bortom sinne och materia. En första glimt av *nibbāna* uppnås.

Detta kan vara i några ögonblick, sekunder eller minuter, men en meditatör som återvänder till denna värld av sinne och materia efter en sådan upplevelse är fullständigt förändrad. Det är inte längre möjligt att skapa några *saṅkhāra* som hör till de lägre livsplanen. Man har bytt klan – *gotrabhū.* En som är *anariyo* blir *sotāpanna, ariyo.* Idag har ordet "arisk" förlorat sin betydelse och används för en viss ras. På Buddhas tid betydde *ariyo* en ädel människa, någon som upplevt *nibbāna.* Med *sotāpanna* menas en som fallit i strömmen, *sota,* som för en till slutmålet. En *sotāpanna* fortsätter att arbeta mot slutmålet i högst sju liv, och blir sen en *arahant.* Ingen kraft på jorden kan hindra denna process.

Den som nått detta stadium fortsätter att arbeta på samma sätt som förut: *ātāpī sampajāno satimā.* Fler djupa *saṅkhāra* kommer upp till ytan och försvinner (*uppajjitvā nirujjhanti*), följt av en ännu djupare upplevelse av *nibbāna*. Återigen återvänder meditatören till materians och sinnets värld och är en fullständigt förändrad människa. Från *sotāpanna* har man blivit *sakadāgāmī* och har endast ett liv kvar i sinnenas värld. Man fortsätter praktisera på samma sätt: *ātāpī sampajāno satimā.* Med bibehållen sinnesjämvikt utplånar man allt mer förfinade orenheter, vilka annars skulle gett upphov till nya liv i lidande. Det dopp man nu tar i *nibbāna* är ännu djupare och man återvänder som en *anāgāmī*. Det betyder att om man inte når slutmålet i detta liv så kommer man tillbringa nästa liv, det sista, på ett högt brahmiskt plan. Man fortsätter att praktisera för att utplåna de allra mest förfinade *saṅkhāra* som bara kan ge upphov till ett enda liv. Man blir en *arahant*, och upplever *nibbāna*, fullständig befrielse. Det kan ske i detta eller kommande liv men praktiken förblir densamma:

> *ātāpī sampajāno satimā.*

Satimā är medvetenhet. *Sampajāno* är visdom, *paññā,* visdom om kroppsförnimmelsernas uppkomst och försvinnande. Förnimmelserna upplevs i kroppen, men kroppen kan inte själv känna förnimmelser; sinnet måste vara med. Buddha illustrerade detta så här: precis som olika vindar uppstår – varma eller kalla, starka eller svaga, smutsiga eller rena – uppstår och försvinner olika förnimmelser i kroppen.

I ett annat föredrag sa han:

> *Yato ca bhikkhu ātāpī sampajaññaṃ na rincati, tato so vedanā sabbā parijānāti paṇḍito.*

Genom att arbeta ivrigt, full av glöd, och utan att missa *sampajaññaṃ*, upplever en meditatör *vedanā* i hela dess omfattning och når visdom.

De *vedanā* man upplever är olika beroende på om man arbetar med grova, mer förfinade eller de allra mest förfinade *saṅkhāra*. Det är därför det är så viktigt att behålla *sampajaññaṃ* med varje upplevelse. Detta är hela teknikens kärna.

So vedanā pariññāya diṭṭhe dhamme anāsavo, kāyassa bhedā dhammaṭṭho saṅkhyaṃ nopeti vedagū.

”När man gått bortom *vedanā* i hela dess utsträckning, förstår man Dhamma. En sådan människa är fri från orenheter (*anāsavā*), fullständigt förankrad i Dhamma (*dhammaṭṭho*), har fullständig förståelse av alla slags kroppsförnimmelser (*vedagu*), och återvänder efter döden (*kāyassa bhedā*) inte till denna värld av kroppsförnimmelser”.

Detta sammanfattar hela vägen till befrielse. Det uppnås med *sampajañña,* förståelsen av uppkomst och försvinnande, sinnesjämvikt med kroppsförnimmelser. *Ātāpī,* att arbeta hårt, och *satimā,* när medvetenheten är som hos en cirkusflicka, räcker inte för att nå befrielse. *Sampajāñña* måste också finnas.

Det är inte nödvändigt att gå igenom varje del av *kāyānupassanā,* eftersom varje del är komplett i sig själv. Det är bara startpunkten som skiljer. Oavsett vilken del du börjar med leder den till samma stadier, och en dag till slutmålet. Vi börjar med *Ānāpāna,* för att senare gå över till *vedanānupassanā.* Men *sampajañña* måste hela tiden finnas med. Del två och tre i *kāyānupassanā* är också nödvändiga. Vi praktiserar i sittande ställning, men ibland behöver vi inta andra ställningar. I del två behandlas kroppens alla fyra ställningar (sittande, stående, liggande och gående) men oavsett vilken ställning kroppen intar, måste man vara *ātāpī sampajāno satimā.* I del tre måste *sampajañña* finnas i varje fysisk aktivitet som sker. Så de tre första avsnitten som berör kroppsliga aktiviteter bör alltid tillämpas, men inte nödvändigtvis alla delar av *kāyānupassanā.*

Paṭikūlamanasikārapabbaṃ – reflektion över det frånstötande

Paṭikūla betyder ”frånstötande”. *Manasikāra* betyder ”reflektion” eller ”kontemplation”. Att endast praktisera detta leder inte till befrielse. Den väg Buddha lär är fri från inbillning och intellektualisering, man måste själv uppleva sanningen. Men hos en del är sinnet väldigt trögt eller uppjagat och de kan inte iaktta andningen, än mindre iaktta kroppsförnimmelser med sinnesjämvikt. Ofta är det fråga om människor som klänger sig hårt fast vid kroppen och har ett starkt beroende av sexuell njutning. De är besatta av kroppens yttre skönhet och kan därför inte förstå och praktisera Dhamma. Därför uppmanas de att reflektera över det frånstötande, så att sinnet blir mer balanserat. De instrueras att tänka på kroppen som den faktiskt är: vad är egentligen denna kropp?

> *imameva kāyaṃ uddhaṃ pādatalā adho kesamatthhakā tacapariyantaṃ pūraṃ nānappakārassa asucino paccavekkhati* ...

Man reflekterar (*paccavekkhati*) på olika sätt (*nānappakārassa*) över kroppen som oren (*asucino*); hela kroppen, täckt av huden, från fotsulorna och upp, från håret på huvudet och ner. Kroppen är så motbjudande. Den består av hår på huvudet och på kroppen, av naglar, tänder, hud, kött, senor, ben, märg, njure, hjärta, lever, lungsäck, mjälte, lungor, inälvor, bukhinna, magsäck med dess innehåll, avföring, galla, slem, var, blod, svett, fett, tårar, talg, saliv, snor, ledvätska och urin. Detta är vad kroppen egentligen är.

Det här är bara en förberedande övning för de som ännu inte kan observera verkligheten inom sig. De blir övermannade av orenheter. Så snart de kan tänka korrekt kan de börja öva med andning eller direkt med kroppsförnimmelser. Det är förstås viktigt när man börjar praktisera Vipassana att man inte känner motvilja till kroppen. Man observerar den bara som den är – *yathābhūta.* Man observerar kroppen som kropp, med kroppsförnimmelser som uppstår och försvinner. Nu är meditatören på rätt väg.

Buddha ger oss ett exempel: en säck med dubbla öppningar, fylld med olika slags frön och sädeslag som bergsris eller vanligt ris, kikärter, vignabönor, sesamfrön och råris. Precis som en man med god syn kan se allt som säcken innehåller, ser man vad denna kropp som täcks av hud innehåller. När man på ett mycket senare stadium utvecklar gudomlig blick blir det mycket lätt att se vad kroppen är. Man ser varenda del, varenda partikel, som med öppna ögon.

> *Iti ajjhattaṃ vā kāye kāyānupassī viharati ... 'atthi kayo' ti ... na ca kiñci loke upādiyati.*

Sedan följer samma process. Även om startpunkten varierar beroende på varje individs bakgrund och kapacitet, så är slutstationen densamma. Man observerar kroppen på insidan och utsidan, *ajjhatta-bahiddhā.* Man observerar uppkomst och försvinnande, *samudaya-vaya.* Därefter *'Atthi kāyo' ti,* "Detta är kropp". Medvetenheten blir förankrad, utan något stöd i sinnets och materians värld. Det finns inget att hålla fast vid (*na ca kiñci loke upādiyati*) och man har nått fullständig befrielse.

Dhātumanasikārapabbaṃ – reflektion över de materiella elementen

Dhātu betyder element. Återigen, någon som är kraftigt fäst vid kroppen och är starkt beroende av sexuella njutningar, får börja med att öva sig i att tänka på rätt sätt.

> *imameva kāyaṃ yathāṭhitaṃ yathāpaṇihitaṃ dhātuso paccavekkhati: 'Atthi imasmiṃ kāye pathavīdhātu āpodhātu tejodhātu vāyodhātū' ti.*

Hur än kroppen är placerad eller disponerad (*kayaṃ yathāṭhitaṃ yathāpaṇihitaṃ*), reflekterar man över de fyra element som den består av (*paccavekkhati*): jord (*pathavī*), eld (*tejo*), luft (*vāyo*) och vatten (*āpo*).

Buddha ger ännu ett exempel. Precis som en slaktare eller en slaktares lärling slaktar en ko, styckar kroppen och tar de olika delarna till marknaden för att sälja, förstår man att kroppen bara utgörs av de fyra elementen. Den består av fasthet – kött, ben, osv.; vätskeform – blod, urin, osv.; gaser; samt temperatur. Precis som "ko" är en benämning för vissa sammansatta delar, är kroppen inget annat än dessa fyra element. Samtidigt kan inget av elementen oberoende av de andra sägas vara "kropp". Genom att reflektera över detta blir sinnet åtminstone en aning balanserat.

> *Iti ajjhattaṃ vā kāye kāyānupassī viharati ... 'atthi kāyo' ti ... na ca kiñci loke upādiyati.*

Sen börjar samma arbete, eftersom det inte är räcker med att bara reflektera. Man måste passera samma stadier. Man når stadiet *'Atthi kāyo' ti,* "Detta är kropp"; denna kropp som man tidigare klängt sig fast så hårt vid. Man tar sig ur allt fastklängande och når slutmålet.

Navasivathikapabbaṃ – de nio iakttagelserna på en likplats

Det fanns människor då precis som nu, som klänger sig fast så hårt vid kroppen att de inte ens kan tänka på rätt sätt. De fick börja från ett ännu grövre utgångsläge: de fick bege sig till en likplats. Det var en plats där kroppen varken brändes eller grävdes ner utan bara dumpades, lämnades att bli uppäten av fåglar och andra djur. Eftersom de inte kunde arbeta med uppmärksamhet inom sig själva, fick de börja med att iaktta en död kropp. Sedan kunde de reflektera över sin egen kropp på samma sätt:

> *So imameva kāyaṃ upasaṃharati: 'ayaṃ pi kho kāyo evaṃdhammo evaṃbhāvī evaṃanatīto' ti.*

De reflekterar (*upasaṃharati*) över sin egen kropp: "Även min kropp är av samma natur och kommer oundvikligen att sluta så här". Det finns nio typer av kontemplation att utföras vid en likplats:

"De betraktar en död kropp som är en dag, två dagar, eller tre dagar gammal, som är svullen, blå, och som ruttnar. De reflekterar och förstår att detsamma kommer ske med den egna kroppen."

Återigen iakttar de en död kropp vid en likplats. Och man ser kroppen ätas av kråkor, hökar, gamar, hundar, sjakaler och olika slags maskar. De reflekterar över att den egna kroppen är likadan och kommer sluta på samma sätt.

"De iakttar en död kropp som förvandlats till ett skelett med lite kött och blod på, som hålls ihop av senor. Därefter reflekterar de över sin egen kropp.

De iakttar en död kropp som består av ett skelett utan något kött men som är blodig, och som hålls ihop av senor.

De iakttar en död kropp som består av ett skelett utan varken kött eller blod, som hålls ihop av senor.

Denna gång ser de bara en massa ben som ligger utspridda: ett ben från en hand eller fot, ett ben från ett knä, ett lårben, bäckenben, ryggrad eller skallben.

Efter en tid är dessa ben alldeles vita, de har bleknat. De ser ben som, efter mer än ett år, bara ligger i en hög.

De ser ben som krossats och håller på att förvandlas till pulver."

Varje gång, då de iakttar, reflekterar de över den egna kroppen på samma sätt.

Det är nödvändigt att börja på detta sätt eftersom Vipassana – att observera och uppleva verkligheten som den är i sin sanna natur – är en delikat uppgift. Människor som lever sitt liv på ett grovt och rått sätt samt hela tiden dras in i grova orenheter klarar inte av det. Därför tog man dessa människor till en likplats så att de kunde se, reflektera över och förstå att alla kroppar måste sluta på detta sätt. De instrueras att börja med att reflektera. Med en uppfattning om det frånstötande och en något djupare förståelse blir sinnet en aning balanserat: det kan börja meditera.

Iti ajjhattaṃ vā kāye kāyānupassī viharati ... 'atthi kāyo' ti ...
na ca kiñci loke upādiyati.

Nu börjar de arbeta sig igenom samma stadier. De upplever *'atthi kāyo' ti,* "Detta är kropp", denna kropp som de tidigare var så fästa vid. De fortsätter tills de inte längre klänger sig fast vid något och når fullständig befrielse. Vägen är densamma i varje avsnitt. Det är bara startpunkten som är olika. I varje avsnitt måste du uppleva uppkomst och försvinnande. Detta manifesterar sig som kroppsförnimmelser, som är kombinationen av sinne och materia. Först upplever du detta separat och sedan samtidigt, när kroppsförnimmelserna uppstår och försvinner omedelbart. Därefter löses hela strukturen upp: uppstår, försvinner, uppstår, försvinner. Du bara iakttar. På detta sätt utvecklar du *sati* och *sampajañña* – den visdom som utvecklar sinnesjämvikt.

Det kan finnas ett slags sinnesjämvikt även utan förståelse av *anicca.* Den uppnås genom suggestion, att gång på gång intala sinnet att inte reagera och förbli lugnt. Många som utvecklar detta slags sinnesjämvikt verkar inte reagera eller bli upprörda då de möter livets upp- och nedgångar. De behåller sin sinnesbalans, men bara på ytan. På en djupare, omedveten nivå reagerar de ständigt eftersom denna del av sinnet hela tiden är i kontakt med kroppsförnimmelser. Utan *sampajañña* finns rötterna till vanemönstret att reagera – *saṅkhāra* – kvar.

Det är därför Buddha lade så stor vikt vid *vedanā.* Att göra sig fri från begär och motvilja är en traditionell lära. Det fanns lärare i Indien före och efter Buddha, och även under Buddhas tid, som lärde att man måste göra sig fri från begär och motvilja för att nå befrielse. Deras elever följde denna lära. Men det var bara i relation till yttre ting: det man ser, hör, luktar, smakar, berör eller tänker. Buddha gick djupare än så. De sex sinnesportarna och deras respektive objekt kallades *saḷāyatana.* Han upptäckte att kontakt mellan de två oundvikligen resulterar i en kroppsförnimmelse, och att begär och motvilja uppstår först efter att en kroppsförnimmelse uppstått.

> *Saḷāyatana paccayā phasso, phassā paccayā vedanā, vedanā paccayā taṇhā*:

Kontakt uppstår på grund av sinnesportarna, kroppsförnimmelse uppstår på grund av kontakt, begär uppstår på grund av kroppsförnimmelse. Detta var hans upplysning.

Den felande länken, den del som saknades, var *vedanā.* Utan *vedanā* bryr man sig bara om sinnesorganens yttre objekt och reaktionen på dessa objekt. Och då rättar man bara till intellektet, sinnets ytskikt. Men när kontakt uppstår, gör sinnet på en djupare nivå en värdering: bra eller dålig. Denna värdering ger upphov till en behaglig eller obehaglig kroppsförnimmelse. Därefter börjar man reagera med begär och motvilja. Utifrån sin egen erfarenhet fortsatte Buddha att lära ut sinnesjämvikt med varje kroppsförnimmelse, att bryta sinnets vanemönster på djupet och bli fri från sina bördor.

Detta är vad du har börjat praktisera. Du utvecklar sinnesjämvikt inte bara med sinnesobjekten – ljud, syner, lukter, smaker, beröring och tankar – utan med de kroppsförnimmelser som du känner; behagliga, obehagliga eller neutrala. *Sampajañña* finns där med förståelsen av att alla kroppsförnimmelser har samma egenskap: att uppstå och försvinna. Du arbetade med *Ānāpāna* så att du utan svårigheter kunde uppleva kroppsförnimmelser och du utvecklar sinnesjämvikt med förståelsen av *anicca.* Du praktiserar enligt Buddhas exakta ord. Du arbetar hårt för att förbli *satimā* och *sampajāno*: *ātāpī sampajāno satimā.* Detta är budskapet i hela *Satipaṭṭhāna Sutta.*

Ta vara på den tid som är kvar av denna seriösa kurs. Att läsa och förstå *suttan* intellektuellt ger inspiration, vägledning och förtroende, för att du vet att du praktiserar så som Buddha menade. Men enbart intellektuell förståelse kan inte befria dig. Så ta vara på *suttan* och kvällsföredragen, men arbeta, arbeta dag som natt, *sampajaññaṃ na riñcati.* När du sover djupt är du hjälplös, men annars har du inte råd att missa *sampajañña* ens för ett ögonblick, oavsett om du äter, dricker, går eller ligger ner. Sinnet vandrar förstås fortfarande iväg och du glömmer bort att vara uppmärksam. Du börjar fundera, fantisera, eller tänka på något. Men se hur snabbt du blir medveten om detta och börja på nytt att arbeta med kroppsförnimmelser. Fortsätt påminna dig själv om att vara medveten och utveckla din visdom, din upplysning. Du måste ändra det gamla vanemönstret att fly från kroppsförnimmelser och i stället förbli med den djupare verkligheten som är att förnimmelserna uppstår och försvinner: *samudaya-vaya, anicca.* Bli fri från okunnighet, bli fri från alla bördor. Ta vara på de underbara dagar som återstår för att bli fri från allt elände. Må ni alla njuta sann frid, sann harmoni, sann lycka.

Må alla varelser vara lyckliga.

DAG FEM

Den femte dagen av *Satipaṭṭhāna*kursen är över. Vi har gått igenom *kāyānupassanā*. *Kāyānupassanā* är inte fullständig utan *vedanānupassanā*, eftersom *ānupassanā* betyder att ständigt uppleva sanningen, vilket innebär att känna kroppen. I själva verket är *vedanā* centralt i alla fyra *satipaṭṭhāna*. Sinnet och sinnets innehåll måste också upplevas. Utan kännandet handlar det bara om en intellektuell lek. Denna tradition betonar *vedanā* eftersom det ger oss en konkret förståelse av *anicca*, uppkomst och försvinnande, *samudaya*, *vaya*. Denna förståelse av *vedanā* är absolut nödvändig – utan den finns det inte någon *sampajañña*. Det finns ingen *paññā* utan *sampajañña*. Utan *paññā* finns det ingen Vipassana. Utan Vipassana finns det ingen *Satipaṭṭhāna* och ingen befrielse.

Djup *samādhi* kan uppnås genom att man koncentrerar sig på vilket objekt som helst. Såsom beskrivs i första stycket i avsnittet om *Ānāpāna*, kan till exempel andetagen som kommer och går användas för att nå djup absorption i den första *jhāna*, sedan djupare absorption i den andra *jhāna* och sedan den tredje och fjärde *jhāna*. Det är fullt möjligt att känna kroppsförnimmelser samtidigt som man är medveten om andningen, men utan förståelse av uppkomst och försvinnande är det inte Vipassana. Från femte till åttonde *jhānas* är kroppen bortglömd. Man arbetar enbart med sinnet och använder sig av fantasin.

Före sin upplysning hade Buddha redan lärt sig de sjunde och åttonde *jhāna* från Āḷāra Kālāma och Uddaka Rāmaputta, och förvisso uppnått mycket rening. Han fann emellertid fortfarande djupt rotade orenheter inom sig, och han kallade dessa *anusaya kilesa*. *Saya* betyder sovande. *Anu* betyder att de följer med sinnet från födelse till födelse. Som slumrande vulkaner kan de få utbrott när som helst, och en av dem uppstår alltid vid dödsögonblicket. De övriga följer bara med till nästa liv. Det var av denna anledning som han inte ansåg sig vara befriad, trots att han fulländat de åtta *jhāna*.

Att plåga kroppen gav inte heller något resultat. Han fortsatte att undersöka. Från andningen gick han vidare till att iaktta kroppsförnimmelser, och detta gav honom förståelse av uppkomst och försvinnande. Han hade funnit nyckeln till befrielse. Vipassana, *sampajañña*, lades till de *jhāna* som han tidigare övat. Förut hade de kallats *lokiya jhāna* eftersom de fortfarande resulterat i ny födelse och därmed rotation i *loka*, universums existensplan. Nu kallades de *lokuttara jhāna*, eftersom de med erfarenhet av uppkomst och försvinnande leder till *nibbāna*, bortom *loka*. Detta är Buddhas bidrag till mänskligheten, och det uppnås med hjälp av *vedanā*. Det är därför *vedanā* är så viktigt för oss.

Vedanānupassanā – att iaktta kroppsförnimmelser

vedanāsu vedanānupassī viharati

Hur iakttar man kroppsförnimmelser i kroppsförnimmelser? Det sker utan att man föreställer sig något. Det är inte som om meditatören står på utsidan och iakttar vad han eller hon känner i kroppen. Ingen står utanför.

Du måste ha direkt erfarenhet. Detsamma gäller för *kāya*, och senare för *citta* och *dhammā*. Man måste observera utan att göra åtskillnad mellan den som observerar och det som observeras, och utan att föreställa sig en betraktare utanför.

... sukhaṃ vā vedanaṃ vedayamāno 'sukhaṃ vedanaṃ vedayāmī' ti pajānāti ...

När meditatören upplever en behaglig kroppsförnimmelse (*sukhaṃ vedanaṃ vedayamāno*) förstås detta såsom upplevelsen av en behaglig kroppsförnimmelse.

... dukkhaṃ vā vedanaṃ vedayamāno 'dukkhaṃ vedanaṃ vedayāmī' ti pajānāti; adukkhamasukhaṃ vā vedanaṃ vedayamāno 'adukkham asukhaṃ vedanaṃ vedayāmī' ti pajānāti.

Detsamma gäller för obehagliga (*dukkha vedanā*) kroppsförnimmelser som smärta, och neutrala kroppsförnimmelser (*adukkhamasukha vedana*), som varken är behagliga eller obehagliga. Orden *sukha* och *dukkha* hänvisar till det man känner i kroppen. För att benämna behagliga eller obehagliga mentala känslor, använde Buddha orden *somanassa* och *domanassa. Sukha* och *dukkha vedanā* hänvisar alltså till förnimmelser på kroppen. Kroppen själv kan inte känna dem så de upplevs av en del av sinnet, men med kroppen som bas.

Sāmisaṃ vā sukhaṃ vedanaṃ vedayamāno 'sāmisaṃ sukhaṃ vedanaṃ vedayāmī' ti pajānāti; nirāmisaṃ vā sukhaṃ vedanaṃ vedayamāno 'nirāmisaṃ sukhaṃ vedanaṃ vedayāmī' ti pajānāti.

En behaglig kroppsförnimmelse förstås korrekt på så sätt att den är med begär eller fasthållande (*sāmisa*) eller utan begär eller fasthållande (*nirāmisa*). I dagens Indien betyder *nirāmisa* vegetarisk och *sāmisa* betyder icke-vegetarisk. Innebörden här är ren eller oren. En behaglig kroppsförnimmelse som uppstår som resultat av korrekt Vipassanameditation leder till renhet, om den inte åtföljs av begär eller fasthållande. Samma behagliga kroppsförnimmelse som uppstått genom att man hängett sig åt någon sinnlig njutning, som resulterat i begär och fasthållande och i försök att öka njutningen, är ogynnsam och leder till förorening. Det leder till att man mångfaldigar sitt elände. På så vis kan en behaglig kroppsförnimmelse beskrivas som ren eller oren.

En kroppsförnimmelse som är *sāmisa* behöver bara observeras, tills reaktionen försvagas och avstannar. En kroppsförnimmelse som är *nirāmisa*, gentemot vilken man har sinnesjämvikt och inte reagerar, observeras också bara. Enligt naturlagen ökar då förmågan att iaktta objektivt. Du gör ingenting. *Pajānāti* är ren observation, baserad på visdom.

Sāmisaṃ vā dukkhaṃ vedanaṃ ... nirāmisaṃ vā dukkhaṃ vedanaṃ ... pajānāti.

Sāmisaṃ vā adukkhamasukhaṃ vedanaṃ ... nirāmisaṃ vā adukkhamasukhaṃ vedanaṃ vedayamāno 'nirāmisaṃ adukkhamasukhaṃ vedanaṃ vedayāmī' ti pajānāti.

Huruvida den obehagliga (*dukkha*) kroppsförnimmelsen som upplevs är ren eller oren beror också på om du reagerar på den. Den ska också bara iakttas, förstås och accepteras som den är. Samma sak gäller för den neutrala (*adukkhamasukha*) kroppsförnimmelsen.

Iti ajjhattaṃ vā vedanāsu vedanānupassī viharati, bahiddhā vā vedanāsu vedanānupassī viharati, ajjhattabahiddhā vā vedanāsu vedanānupassī viharati.

Liksom i varje avsnitt följer nu liknande stadier. Förnimmelser upplevs inuti kroppen och på kroppsytan, och sedan samtidigt i hela kroppen.

En annan tradition tolkar *ajjhattaṃ* som kännandet av den egna kroppen, *bahiddhā* som kännandet av någon annans kropp, och *ajjhatta-bahiddhā* som växlandet mellan de två. Inom vår tradition accepteras inte detta. Meditatören arbetar ensam, vare sig det är i skogen, under ett träd eller i en cell. Det hävdas att när munken tigger mat möter han andra och har då möjlighet att känna deras andedräkt eller förnimmelser. Seriösa meditatörer har dock blicken sänkt (*okkhitta-cakkhu*) och kan på sin höjd se någon annans ben när de går; denna tolkning verkar därför ologisk. En meditatör som nått höga stadier blir naturligtvis mycket känslig även för andras förnimmelser, och för vibrationerna i den omgivande atmosfären samt i levande och döda objekt. Möjligen skulle det kunna förstås på detta sätt. Att öva med någon annans andetag eller kroppsförnimmelser är annars inte möjligt. Det är därför bättre att förstå *ajjhattaṃ* som ”inom” och *bahiddhā* som ”på ytan av den egna kroppen”.

... samudayadhammānupassī ... vayadhammānupassī ... samudaya vayadhammānupassī vā vedanāsu viharati ...

Detta och följande stadier, som förekommer i varje avsnitt, är mycket viktiga. Meditatören måste gå igenom dem. Man upplever uppkomsten av *vedanā*, dess försvinnande samt att *vedanā* omedelbart uppstår och försvinner.

> ...*'atthi vedanā' ti vā panassa sati paccupaṭṭhitā hoti.*

I *kāyānupassanā* nåddes stadiet som kallas *'atthi kāyo' ti* då kroppen bara blev en massa av subatomära partiklar, utan värdering eller bedömande: *saññā* känner inte längre igen den som människa eller djur, man eller kvinna, vacker eller ful. Det blir bara kropp som kropp, bortom särskiljande. På samma sätt ses kroppsförnimmelser, *vedanā*, nu bara som kroppsförnimmelser, *vedanā*, varken behagliga eller obehagliga. Det finns inget dömande, ingen värdering, ingen *saññā*. Man har nu blivit förankrad i medvetenhet om kroppsförnimmelser som endast kroppsförnimmelser. Sedan följer samma stadier fram till slutmålet.

> *Yāvadeva ñāṇamattāya paṭissatimattāya anissito ca viharati, na ca kiñci loke upādiyati.*

Vedanās centrala betydelse var Buddhas stora upptäckt för mänskligheten. Den utgör det viktiga vägskäl där två vägar börjar: antingen *dukkha-samudaya-gāminī paṭipadā*, vägen där elände ständigt genereras, eller *dukkha-nirodha-gāminī paṭipadā*, vägen där elände helt utplånas. Han upptäckte att varje reaktion, varje *saṅkhāra* kan genereras endast med kännandet av kroppsförnimmelser – behagliga, obehagliga eller neutrala. På den djupaste nivån reagerar sinnet ständigt på *vedanā* i hela kroppen, i varje partikel, hela tiden, överallt där det finns liv. Om man inte upplever kroppsförnimmelser, *vedanā*, är eventuell befrielse från begär eller motvilja bara på ytan av sinnet. Det är en illusion att man inte skulle reagera eftersom man är i kontakt endast med yttre objekt: med den yttre världen av ljud, syn, lukt, beröring eller smak. Den verklighet som saknas är din reaktion eftersom varje kontakt mellan ett objekt och ett sinnesorgan ofrånkomligen skapar en förnimmelse på kroppen: behaglig, obehaglig eller neutral. Detta saknas.

Du måste nå det djup där du känner kroppsförnimmelser och ändå inte reagerar. Endast när du är medveten om kroppsförnimmelser och är i sinnesjämvikt gentemot dem, kan sinnets vanemönster förändras på den djupaste nivån. *Saṅkhāra* som är djupt rotade, som linjer karvade i sten med mejsel och hammare – *anusaya kilesa* – kan då komma upp till ytan och försvinna. Annars fortsätter mångfaldigandet. Därför spelar *vedanā* en så viktig roll i *Satipaṭṭhāna.*

Cittānupassanā – att iaktta sinnet

citte cittānupassī viharati

Hur praktiserar en meditatör att iaktta sinnet i sinnet?

"I sinnet" (*citte*) betyder med direkt erfarenhet, som "i kroppen" och "i kroppsförnimmelser." För att undvika att man bara föreställer sig sinnet så måste något hända i det, eftersom när något inträffar och sedan försvinner, kan det upplevas som en kroppsförnimmelse.

sarāgaṃ vā cittaṃ 'sarāgaṃ cittaṃ' ti pajānāti, vītarāgaṃ vā cittaṃ 'vītarāgaṃ cittaṃ' ti pajānāti.

Sarāgaṃ betyder med begär, *sa-rāga.* Om begär har uppstått i sinnet, så observeras det bara. När det försvinner, och sinnet är fritt från det (*vītarāgaṃ*) så observeras detta helt enkelt – begäret uppstod och försvann.

sadosaṃ vā cittaṃ ... vītadosaṃ vā cittaṃ 'vitadosaṃ cittaṃ' ti pajānāti, samohaṃ vā cittaṃ 'samohaṃ cittaṃ' ti pajānāti, vītamohaṃ vā cittaṃ 'vītamohaṃ cittaṃ' ti pajānāti.

Verkligheten att ett sinne är med eller utan motvilja (*dosa*) observeras och när motviljan försvinner är sinnet fritt från den. På samma sätt observeras *moha* (illusion, villfarelse, förvirring, okunnighet) – när den har försvunnit är sinnet fritt från den.

Saṅkhittaṃ vā cittaṃ ... vikkhittaṃ vā cittaṃ ... mahaggataṃ vā cittaṃ ... amahaggataṃ vā cittaṃ ... sa-uttaraṃ vā cittaṃ ... anuttaraṃ vā cittaṃ ... samāhitaṃ vā cittaṃ ... asamāhitaṃ vā cittaṃ ... vimuttaṃ vā cittaṃ ... avimuttaṃ vā cittaṃ 'avimuttaṃ cittaṃ' ti pajānāti.

Oavsett om sinnet är samlat och koncentrerat (*saṅkhitta*) eller splittrat (vikkhitta) så observerar och accepterar man detta. I djupare *jhāna* då sinnet med fantasins hjälp expanderats till ett gränslöst område, så kallas det *mahaggata*, stor. Huruvida det är *mahaggata* eller inte så observeras det bara. *Sa-uttara* betyder att det finns högre sinnen, eller utrymme för utveckling. *Anuttara* är när det inte existerar något högre: sinnet har nått det högsta stadiet. Detta observeras också. Huruvida sinnet är djupt försjunket i *samādhi* (*samāhita*) eller inte observeras. Huruvida sinnet är befriat (*vimutta*) eller förslavat observeras också.

Iti ajjhattaṃ vā ... bahiddhā vā ... ajjhattabahiddhā vā citte cittānupassī viharati.

Samma stadier följer. Sinnet observeras inuti och utanpå. Återigen, denna tradition accepterar inte *bahiddhā* som någon annans sinne. I ett högt stadium av rening utvecklar meditatören den mentala förmågan att läsa andras tankar, men det är inte ett slutgiltigt mål.

Sinnet inuti (*ajjhattaṃ*) innebär att sinnet upplever något inom kroppen. Sinnet utanpå innebär att sinnet upplever ett objekt utifrån: när det upplever ett ljud som kommer i kontakt med örat, en form med ögat, en lukt med näsan, en smak med tungan, något fysiskt kännbart med kroppen, eller en tanke på någonting utanför. Hela processen är emellertid fortfarande inom ramen för kroppen. Sinnet förblir alltid inom kroppen, även då dess objekt befinner sig utanför.

Sedan upplevs uppkomst och försvinnande och stadiet *'atthi cittaṃ' ti* uppnås: det är bara *viññāṇa*, bara sinne, inte "jag" eller "mitt" sinne.

Man blir förankrad i medvetenhet om detta. Sedan finns enbart visdom eller förståelse, enbart observation. Det finns inget att stödja sig på eller att hålla fast vid.

'Atthi cittaṃ' ti ... na ca kiñci loke upādiyati.

En Vipassanameditatör förstår att när det finns ren medvetenhet, är det endast medvetandet (*viññāṇa*) som fungerar. Det pågår då inget mångfaldigande av elände. Låt oss dra oss till minnes de ord som sades till den gamle eremit som rest hela vägen från i närheten av Mumbai till Sāvatthi för att träffa Buddha. Dessa ord var tillräckliga, eftersom eremiten redan hade praktiserat åtta *jhāna*: *diṭṭhe diṭṭhamattaṃ bhavissati* ... ”I seendet finns bara seende”, ingenting utöver det, eftersom det inte sker någon värdering eller reaktion. ”I hörandet finns bara hörande, i luktandet bara luktande, i smakandet bara smakande, i berörandet bara berörande, samt ... *viññāte viññātamattaṃ* ... i medvetandet bara att vara medveten.” Detta höga stadium tar tid. Men det måste uppnås för att man ska kunna uppleva *nibbāna*.

Meditationspraktiken handlar om att förstå denna process. Alla sinnesportar är på kroppen, så kroppen är väsentlig. Det uppstår kontakt med öga, öra, näsa, tunga, kropp eller sinne. *Viññāṇa* varseblir att någonting har hänt. Sedan utvärderar *saññā* det som bra eller dåligt, och kännandet som då uppstår är behagligt eller obehagligt. *Saṅkhāra* reagerar och det är början på förslavandet och eländet. Dessa sammansatta processer övermannar *viññāṇa*. *Saṅkhāra* har blivit så stark och *viññāṇa* så svag. Som en följd av detta har eländet och förslavandet blivit så starkt. Praktiken går ut på att försvaga *saṅkhāra* och *saññā* samt att stärka *viññāṇa*, tills det inte finns något förutom förståelse och medvetenhet – *yāvadeva ñāṇamattāya paṭissati-mattāya*.

Buddha praktiserade åtta *jhāna* före sin upplysning. Den åttonde *jhāna* heter *nevasaññā-nāsaññāyatana*: i denna *jhāna* kan man varken säga att *saññā* existerar eller inte existerar. Även om *saññā* har blivit mycket svagt så finns det fortfarande, och Buddha kallade sig därför inte ännu för en befriad människa. Med hjälp av Vipassana utvecklade han *lokuttara jhāna*, som leder till *nibbāna*, och introducerade den ”nionde *jhāna*” som han kallade *saññā-vedayita-nirodha*: där *saññā* och *vedanā* upphör. Så länge *saññā* fungerar, även om det är svagt, kommer det att producera en reaktion, en *saṅkhāra*. *Saññā* måste vara helt utrotat innan man kan uppleva *viññāṇa* som *viññāṇa*.

Dhammānupassanā – att iaktta sinnets innehåll

dhammesu dhammānupassī viharati

Precis som *kāyānupassanā* är ofullständig utan *vedanānupassanā,* så är *cittānupassanā* ofullständig utan *dhammānupassanā.* För att man ska kunna känna sinne och kropp måste något uppstå i dem; annars är det bara fantasi. *Citta* kan därför endast upplevas när något uppstår och försvinner, som *rāga, dosa,* eller *moha.*

Sinnets innehåll, det som uppstår i sinnet, kallas *dhamma.*

Många ord som används av Buddha är svåra att översätta, eftersom de saknar motsvarigheter på andra språk. Av dessa är *dhamma* det svåraste.

Det har många olika betydelser. Dess ursprungsbetydelse är *dhāretī' ti dhamma*: det som finns, det som innesluts. Det är vad som finns i sinnet.

En ytterligare betydelse är natur, eller vad som kännetecknar det som uppstår i sinnet:

Attano sabhāvaṃ attano lakkhanaṃ dhāretī' ti dhamma.

Dhamma innebär den egna naturen, vad som kännetecknar det som uppstår i sinnet.

I språk som talas i dagens Indien sägs det ibland att eldens *dhamma* är att bränna. Elden kännetecknas av att den bränner, om den inte bränner är det inte eld. Isens *dhamma* är att kyla, annars är det inte is. Likaså innehåller *rāga* (begär) sin egen *dhamma* eller sitt kännetecken, som är att skapa oro och elände. Kärlekens och medkänslans *dhamma* är lugn, harmoni och frid. Så blev *dhamma* synonymt med natur eller egenskap, det som kännetecknar. Efter några århundraden delades termen *dhamma,* eller natur, in i *kusala* (gynnsam) och *akusala* (ogynnsam), med hänvisning till dess frukt. Föroreningar som finns i sinnet – som ilska, hat, fientlighet, åtrå, rädsla och ego, och som bär ogynnsam frukt – kallades *akusala.* Egenskaper som var till ens fördel och ledde till ett bättre liv – som medkänsla, vänlighet och osjälviskt tjänande – kallades *kusala.* Sålunda finner vi i den gamla litteraturen att *dhamma* delas in i "rent" och "orent".

Akusala blev gradvis till *adhamma* eller *pāpa*, anti-Dhamma eller synd, Det som gör att eländet mångfaldigas. Då kom ordet Dhamma att användas för det som är gynnsamt inom en människa och som leder till befrielse.

Innebörden av *dhamma* fortsatte att vidgas. När man observerar resultatet av mentalt innehåll i någon form – till exempel det som ilska eller medkänsla leder till – börjar man förstå lagen om orsak och verkan, det vill säga naturens lag. Därför betecknar Dhamma det som finns i sinnet, eller det som kännetecknar sinnets innehåll, eller naturens lag – det vill säga universums lag.

Hur praktiserar en meditatör att iaktta *dhamma*?

Nīvaraṇapabbaṃ – hindren

dhammesu dhammānupassī viharati pañcasu nīvaraṇesu.

Nīvaraṇa betyder "gardin" eller "skynke": det som hindrar en från att se verkligheten. Under 10-dagarskurserna hänvisar vi till *nīvaraṇa* som fem fiender: begär, motvilja, dåsighet, oro/ rastlöshet och tvivel. Ett exempel ges. På Buddhas tid då det inte fanns några speglar brukade folk betrakta sin spegelbild i en kruka med rent vatten med ett ljus. Om vattnet var smutsigt, färgat eller grumligt, kunde man inte se spegelbilden ordentligt. På motsvarande sätt är dessa *nīvaraṇa* fiender som hejdar dina framsteg på vägen som är att observera verkligheten, eftersom de färgar eller hindrar dig från att se den.

Återigen sker detta utan att man föreställer sig något: *dhamma* upplevs i *dhamma* (*dhammesu*). Inte heller detta avsnitt syftar på kontemplation. Hur ska då dessa hinder observeras?

santaṃ vā ajjhattaṃ kāmacchandaṃ 'atthi me ajjhattaṃ kāmacchando' ti pajānāti,

asantaṃ vā ajjhattaṃ kāmacchandaṃ 'natthi me ajjhattaṃ kāmacchando' ti pajānāti

När ett sug efter sensuella njutningar (*kāmacchanda*) finns, accepterar man helt enkelt detta. Man är bara medveten om detta faktum. När begär inte finns, förstås detta: bara medvetenhet om verkligheten som den är, från ögonblick till ögonblick.

> *... yathā ca anuppannassa kāmacchandassa uppādo hoti taṃ ca pajānāti, yathā ca uppannassa kāmacchandassa pahānaṃ hoti taṃ ca pajānāti, yathā ca pahīnassa kāmacchandassa āyatiṃ anuppādo hoti taṃ ca pajānāti.*

De *kāmacchanda* som låg djupt i det inre och inte tidigare hade kommit upp till ytan (*anuppanna*), gör så nu (*uppāda*). Detta ska också förstås (*pajānāti*). Saker uppstår och förr eller senare försvinner de, *samudayavaya,* likaså uppstår begär och försvinner. I takt med att skikt efter skikt uppstår och observeras, så utplånas de (*pahāna*). De skikt som har utplånats (*pahīna*) kommer inte tillbaka igen (*āyatiṃ anuppādo*). Allt detta bara observeras och förstås (*pajānāti*).

När man har utrotat allt ackumulerat begär, når man full befrielse. Den mentala vanan att generera begär är borta, och ingen sådan *saṅkhāra* kan längre genereras.

> *Santaṃ vā ajjhattaṃ byāpādaṃ ... Santaṃ vā ajjhattaṃ thinamiddhaṃ ...*
>
> *Santaṃ vā ajjhattaṃ uddhaccakukkuccaṃ ... Santaṃ vā ajjhattaṃ vicikicchaṃ ... taṃ ca pajānāti.*

På samma vis förstår meditatören att motvilja (*byāpādaṃ*) finns eller inte finns. Hela Vipassanaprocessen beskrivs i dessa avsnitt. All motvilja från det förflutna som låg latent, som en slumrande vulkan djupt i det inre, kommer till ytan. Detta observeras också och utplånas. Om inte vanemönstret helt förändras, kommer *saṅkhāra* av motvilja av samma typ att uppstå på nytt. När alla är utrotade på rotnivån, uppstår inget igen. Detta är slutmålet. Det är omöjligt för en *arahant* att generera nytt begär eller ny motvilja.

På samma vis utrotas *thīna-midda* (dåsighet i kropp och sinne), *uddhacca-kukkucca* (oro, rastlöshet) och *vicikicchā* (tvivel, skepsis).

Det bör stå klart att varje *dhamma*, vad som helst som uppstår i sinnet – även minsta tanke – börjar flöda med en förnimmelse på kroppen: *vedanā samosaranā sabbe dhammā.* Buddha insåg denna naturlag, men skapade den inte. Meditatören arbetar på korrekt sätt om han eller hon iakttar kroppsförnimmelsen vad som än uppstår – ilska, åtrå, eller något annat. Annars är det en intellektuell lek. Ilskan kan ha försvunnit på ytan, men ändå fortsätter förnimmelsen djupt i det inre, och sinnet fortsätter att reagera med ilska på förnimmelsen utan att meditatören ens är medveten om det. I denna tradition är därför förnimmelsen på kroppen av yttersta vikt. Buddhas ord är så tydliga: *sampajaññaṃ na riñcati.* I varje ögonblick måste man vara medveten om kroppsförnimmelserna som uppstår och försvinner.

Oavsett om du praktiserar någon del av *kāyānupassanā* eller *vedanānupassanā*, eller *cittānupassanā* eller *dhammānupassanā*, så kan de ansamlade föroreningarna i sinnets djup bara nås och utrotas om du har förståelse av att kroppsförnimmelserna uppstår och försvinner. Meditationspraktiken kommer annars bara att vara en lek på ytan.

Samma stadier följer:

> *Iti ajjhattaṃ vā dhammesu dhammānupassī viharati ...*
> *'atthidhamma' ti ... na ca kiñci loke upādiyati.*

Genom att observera inuti och på utanpå, och sedan observera att det uppstår och försvinner, så når man stadiet *'atthi dhammā' ti*: varken bra eller dåligt, varken mitt eller ditt, bara naturens lag, bara sinnets innehåll och dess natur. Samma stadier följer tills det inte finns något att hålla fast vid.

När begär har uppstått kan du inte avlägsna det med hjälp av motvilja; i så fall genererar du en ny *saṅkhāra* av motvilja. Om du bara accepterar att det finns begär i ditt sinne, så observerar du bara. Då sker inget mångfaldigande av reaktioner, som är begärets natur. Begäret försvagas och blir kraftlöst. Alla mentala orenheter observeras på samma sätt. Metoden att intellektuellt betrakta kroppen som någonting motbjudande, som förekommer i de inledande styckena av *kāyānupassanā*, gavs av Buddha endast för att hjälpa människor att ta ett första steg på rätt väg. När man väl börjar med Vipassana finns det ingen motvilja mot denna fula kropp; den observeras bara som den är, med visdom om uppkomst och försvinnande – *yathābhūta-ñāṇa-dassanaṃ*. Ordet *ñāṇa*, som i *pajānāti*, betyder medvetenhet med klar förståelse av *anicca*. Vad som än uppstår – vare sig det är bra eller dåligt, rent eller orent – möts av enbart iakttagelse, utan försök att hålla fast eller driva bort något. Detta är den rätta vägen till slutmålet.

Vägen är lång, men den börjar med ett första steg. Tappa inte modet för att slutmålet är långt borta. Ingen ansträngning är förgäves på denna väg. Varje ansträngning du gör ger goda resultat. Du har börjat gå rätt väg till slutmålet. Steg för steg kommer du närmare och närmare, och du kommer att nå slutmålet.

Må ni alla fortsätta att följa denna väg, steg för steg. Ta väl vara på tiden och allt som erbjuds här. Förstå det som Buddha sagt och ta vara på denna underbara teknik. Försök så långt som möjligt att inte missa *sampajañña* i någon situation, utom då du sover djupt. Försök annars att förbli medveten med *sampajañña* i alla fysiska aktiviteter, för ditt eget bästa, för din nytta och glädje, för din befrielse. Må ni alla befrias från allt som tynger och förslavar er, må ni befrias från allt elände.

Må alla varelser vara lyckliga.

DAG SEX

Den sjätte dagen av *Satipaṭṭhāna*kursen är över. Vi går vidare med *dhammānupassanā*. *Dhamma* är sinnets innehåll och dess natur, den universella naturlagen. En Buddha, en upplyst människa, har inget intresse av att grunda en religion. Efter att ha upptäckt den yttersta sanningen på den djupaste nivån, lär Buddha ut denna naturlag för att hjälpa människor att förstå verkligheten och göra slut på sitt lidande, oavsett deras religiösa tillhörighet, nationalitet, hudfärg eller kön. Hela universum, det levande och det icke-levande, allt och alla, styrs av denna lag. Oavsett om det finns en Buddha eller inte, så styr denna lag det ständiga samspelet mellan sinne och materia, de strömmar, underströmmar och motströmmar som pågår inom varje individ. Ändå fortsätter folk att leka sina lekar på sinnets yta, de lurar sig själva av okunnighet och mångfaldigar sitt lidande genom att mångfaldiga sin bundenhet.

Khandhapabbaṃ – de fem processerna

dhammesu dhammānupassī viharati pañcasu upādānakkhandhesu

Khandha innebär en process, en beståndsdel, något som har ansamlats, eller en hög av någonting. Vi betraktar oss som individuella varelser. Detta är en uppenbar sanning, men på en djupare nivå består varje levande individ – jag, du, han eller hon – bara av *pañca khandhā*, de fem processerna. Buddha vill att du ska gå till djupet av denna verklighet, där du inte kan göra åtskillnad eller sätta namn på det som sker, där allt som sker är dessa fem processer.

En process är de oräkneliga, subatomära materiella partiklar som kallas *kalāpa*, som är sammanfogade till materia. Sinnet består av fyra andra processer: *viññāṇa* kallas den del av sinnet som uppfattar; *saññā* känner igen och utvärderar; *vedanā* känner; och *saṅkhāra* reagerar och skapar. Dessa fem processer tillsammans kallas en enhet, en individ. På den yttersta nivån finns bara dessa fem processer, och *Satipaṭṭhāna*, eller Vipassana, går ut på att uppleva detta faktum. Om detta inte sker kommer galenskapen att identifiera sig med någon eller alla av dessa processer som "jag" "min" eller "mig" – vilket är okunnighet – att orsaka ett enormt fastklamrande vid dem. Detta ger upphov till stort lidande. Detta är inte en trossats som ska accepteras av hängivenhet bara för att en upplyst människa har sagt så, inte heller är det en filosofi att acceptera intellektuellt såsom rationell och logisk. Det är en sanning som måste erfaras och inses på den faktiska nivån, inom kroppen. När denna sanning blir tydlig, förändras vanemönstret på den djupaste nivån i sinnet och man når befrielse. Detta är Dhamma, lagen.

Upādāna betyder fasthållande, fastklamrande. Detta utvecklas gentemot de fem processerna, som är dess objekt. Man kan också säga att de fem processerna uppstår och kommer samman på grund av *upādāna*. De är processer av fasthållande.

Åter observerar en meditatör *dhamma* i *dhamma*, de fem processerna.

Hur arbetar en meditatör med dem?

> ... *'iti rūpaṃ, iti rūpassa samudayo, iti rūpassa atthaṅgamo* ...

Detta är materia, detta är materia som uppstår, detta är materia som försvinner: man upplever allt detta. *Rūpa* betyder materia, *samudaya* betyder uppkomst, *atthaṅgamo* försvinnande.

> *iti vedanā, iti vedanāya samudayo, iti vedanāya atthaṅgamo;*
> *iti saññā, iti saññāya samudayo, iti saññāya atthaṅgamo;*
>
> *iti saṅkhārā, iti saṅkhārānaṃ samudayo, iti saṅkhārānaṃ atthaṅgamo; iti viññāṇaṃ, iti viññāṇassa samudayo, iti viññāṇassa atthaṅgamo' ti.*

När man upplever även de fyra mentala processerna – kroppsförnimmelse eller kännande (*vedanā*), urskiljning (*saññā*), reaktion (*saṅkhāra*) och medvetande (*viññāṇa*) – så förstår man hela den process som pågår inombords.

> *Iti ajjhattaṃ vā dhammesu dhammānupassī viharati, ... atthi dhamma' ti ...*

Samma stadier följer: på insidan, på utsidan, båda tillsammans. Sedan "*atthi dhammā ti*", – "Ah, detta är Dhamma." Medvetenhet etableras i verkligheten att dessa fem processer är allt som finns. I ett högt stadium av observation finner man bara sinne och materia, inget annat – inget "jag", "mitt", eller "mig". På den uppenbara, konventionella nivån måste orden "jag" och "du" användas, men på den faktiska, yttersta nivån finns det bara fem *khandhā*. På samma sätt kallar vi av konventionella skäl någonting hopmonterat för en bil, men om vi plockar isär den och separerar delarna, vilken del är då bilen? Däcken? Hjulen? Sätena? Motorn? Batteriet? Karossen? En bil är i själva verket bara ett antal olika delar som är sammanfogade.

Lägger vi på samma sätt ihop måndag, tisdag, onsdag, torsdag, fredag, lördag och söndag så får vi en vecka. Trettio dagar blir tillsammans en månad, och tolv månader ett år, men endast av konventionella skäl. I Vipassana delar man upp, dissekerar, löser upp och iakttar verkligheten som den är. Då försvinner fastklamrandet. De fem *khandhā* finns fortfarande där, de uppstår och försvinner, men de är enbart processer, eftersom *upādāna* är borta. Detta är *khandhās* Dhamma.

> *Yāvadeva ñāṇamattāya paṭissatimattāya anissito ca viharati, na ca kiñci loke upādiyati.*

Sen kommer *ñāṇamattāya paṭissatimattāya*, som på den tiden också kallades *samyak darshana, kevala darshana, samyak jñāna kevala jñāna* – enbart iakttagande och enbart djup förståelse. *Anissito ca viharati*: då finns inget att vara beroende av, eftersom det inte finns något fastklamrande; det finns inget att klänga sig fast vid.

Āyatanapabbaṃ – sinnessfärerna

dhammesu dhammānupassī viharati chasu ajjhattikabāhiresu āyatanesu.

De sex sinnessfärerna eller sinnesportarna kallas *āyatana*: ögon, öron, näsa, tunga, kropp och sinne. Alla sex är inuti (*ajjhattika*) eftersom de är på eller inuti kroppen. Deras objekt är utanför (*bāhiresu*): för ögonen, en syn, färg, form eller ljus. För öronen, ljud; för näsan, lukt; för tungan, smak; för kroppen, något som går att känna; för sinnet, en tanke, känsla, fantasi eller dröm. Trots att de kallas yttre, blir de objekt endast vid kontakt med de inre *āyatana*, inom kroppen. För den som är blind sedan födseln finns det ingen värld av färg, ljus eller form och inget sätt att förstå världen på dessa vis. Sex inre *āyatana* och sex yttre *āyatana* blir totalt sett tolv, och *bāhiresu āyatana* existerar faktiskt för oss enbart när var och en är i kontakt med dess respektive sinnesport.

Hur arbetar man med de sex inre och yttre sinnessfärerna?

cakkhuṃ ca pajānāti, rūpe ca pajānāti, yaṃ ca tadubhayaṃ paṭicca uppajjati saṃyojanaṃ taṃ ca pajānāti ...

Sanningen om *cakkhu* (ögats sinnesport) och dess objekt, *rūpa* (gestalt eller form) inses: *pajānāti. Yaṃ ca tadubhayaṃ paṭicca*, med dessa två som bas, på grund av deras kontakt, *uppajjati saṃyojanaṃ* – uppstår bundenhet.

... yathā ca anuppannassa saṃyojanassa uppādo hoti taṃ ca pajānāti ...

Meditatören arbetar med den bundenhet som nu uppstått: *saṃyojanassa uppādo hoti taṃ ca pajānāti*. Verkligheten är att det i varje kontakt finns vibrationer, *phassa-paccayā vedanā. Saññā* urskiljer: kvinna, man; vacker, ful; trevlig, obehaglig. I och med denna urskiljning blir kroppsförnimmelserna behagliga eller obehagliga, och *saṅkhāra*, den reagerande delen av sinnet, börjar omedelbart att generera begär eller motvilja. På så vis påbörjas och mångfaldigas den process som förslavar.

Att arbeta med de sex sinnesportarna är att arbeta inom kroppens och sinnets gränser. Det handlar om att analysera och att utan avbrott förstå hur allting sker. Om du är okunnig knyter du ständigt nya knutar och mångfaldigar börda efter börda. När du upplever och iakttar denna process i visdom, utan att reagera, försvagas den. Vanan att ständigt reagera börjar att förändras. Gammal bundenhet kan komma upp till ytan: *yathā ca anuppannassa saṃyojanassa uppādo hoti tañ ca pajānāti.* Du iakttar uppkomsten (*uppāda*) av den bundenhet som inte tidigare kommit upp (*anuppanna*).

> ... *yathā ca uppannassa saṃyojanassa pahānaṃ hoti taṃ ca pajānāti, yathā ca pahīnassa saṃyojanassa āyatiṃ anuppādo hoti taṃ ca pajānāti.*

När du observerar så utrotas all ansamlad bundenhet (*pahānaṃ*) gradvis: *yathā ca uppannassa samyojannassa pahānaṃ hoti tañ ca pajānāti.* När all bundenhet har kommit upp till ytan och försvunnit, uppstår den aldrig igen (*āyatiṃ anuppādo*). Man uppnår stadiet bortom bundenhet – total befrielse.

Det finns tre typer av utplånande av lidande. Även när du enbart utövar *sīla* utplånas ditt lidande för stunden, eftersom du låter bli att överreagera med begär eller motvilja på ytan av sinnet. När du går djupare med *samādhi*, sker mer utplånande: rötterna skakas. När du sedan praktiserar Vipassana, utplånas dessa rötter på den djupaste nivån i sinnet – *pahānaṃ*. Låt oss ta som exempel en törstig person som kommer för att dricka ur en damm vars yta täcks av giftigt ogräs. Man kan fösa ogräset åt sidan med handen för att frigöra en liten yta och tillfälligt komma åt vattnet, men efteråt täcker de åter den lilla ytan. Detta är tillfällig utplåning. Det är *sīla*. För att bättre komma åt vattnet kan man ställa upp fyra stolpar med nät mellan dem som håller tillbaka ogräset. Detta är *samādhi*, som allteftersom den går djupare rensar ett allt större område men fortfarande lämnar rötterna intakta. *Paññā* tar bort allt ogräs så att inte en enda partikel återstår. Detta är sann *pahāna* på rotnivån, vilket är det som avses här: *yathā ca pahīnassa saṃyojanassa āyatiṃ anuppādo hoti taṃ ca pajānāti.* Man uppnår total utplåning av bundenheten; den kan inte uppstå igen (*anuppādo*). Detta är *arahantens* stadium, stadiet av fullständig befrielse.

Sotaṃ ca pajānāti, sadde ca pajānāti, yaṃ ca tadubhayaṃ paṭicca uppajjati saṃyojanaṃ taṃ ca pajānāti ...

På samma sätt iakttas örat, ljudet och den bundenhet som uppstår på grund av dem.

... yathā ca anuppannassa saṃyojanassa uppādo hoti taṃ ca pajānāti, yathā ca uppannassa saṃyojanassa pahānaṃ hoti taṃ ca pajānāti, yathā ca pahīnassa saṃyojanassa āyatiṃ anuppādo hoti taṃ ca pajānāti.

Allt eftersom man utvecklar sinnesjämvikt, kommer bundenhet som aldrig tidigare kommit till ytan upp och utplånas. Detta iakttas också.

Ghānaṃ ca pajānāti, gandhe ca pajānāti ... Jivhaṃ ca pajānāti, rase ca pajānāti ... Kāyaṃ ca pajānāti, phoṭṭhabbe ca pajānāti ... Manaṃ ca pajānāti, dhamme ca pajānāti ... āyatiṃ anuppādo hoti taṃ ca pajānāti.

På samma sätt iakttas (*pajānāti*) den verklighet som gäller näsan och lukten, tungan och smaken, kroppen och all beröring, liksom sinnet och dess innehåll (*dhamme*). I alla dessa fall kommer bundenheten upp till ytan och utplånas för att aldrig återkomma. I alla dessa fall är stadiet av *arahant* inte endast som något filosofiskt, utan det upplevs, bevittnas: *pajānāti.*

Iti ajjhattaṃ vā dhammesu dhammānupassī viharati ... 'atthi dhamma' ti ... na ca kiñci loke upādiyati.

Samma process följer. ”Detta är *dhamma.*” Alla de sex sinnesportarna och deras objekt är bara *dhamma*, utan något ”jag”, ”min”, ”han” eller ”hon”, där finns ingen individ. Genom att dela upp, dissekera, lösa upp och analysera varje sinnesport separat, blir individen bara en massa, en process, en interaktion av alla *āyatana* i kombination. Med enbart intellektuell förståelse kommer okunnigheten att förhindra att man bevittnar denna *dhamma*, denna process, och befrielsen från bundenhet.

Meditationspraktiken leder genom samma stadier ända fram till slutmålet.

Bojjhaṅgapabbaṃ – upplysningsfaktorerna

dhammesu dhammānupassī viharati sattasu bojjhaṅgesu

Bojjhaṅga kallas de sju upplysningsfaktorerna, eller de kvaliteter som måste utvecklas för att nå slutmålet.

Sinnet i sig är mycket rent: *viññāṇa* är mycket ren, men på grund av tidigare *saṅkhāra*, gör den betingade *saññā* alltid en felaktig urskiljning och när kroppsförnimmelser uppstår, skapas *saṅkhāra* efter *saṅkhāra* på nytt. På grund av denna process förlorar sinnet sin rena natur och blir uppjagat och oroligt. *Bojjhaṅga* återställer denna renhet: när de iakttas som en verklighet, växer de i styrka tills de fulländas och när var och en är fulländad, är upplysningen fulländad. Detta är hela Vipassanaprocessen.

Den första *bojjhaṅga* är sati, medvetenhet. Utan den kan man inte ta ytterligare steg på vägen. *Sati* – att iaktta verkligheten objektivt – är den viktigaste faktorn eftersom den alltid måste finnas där, från ögonblick till ögonblick, tillsammans med varje annan faktor.

Dhamma-vicaya är den andra. Ordet *caya* eller *cayana* betyder "att integrera." Skenbara, konsoliderade, integrerade sanningar skapar så mycket villfarelse och förvirring; alla beslut och handlingar blir fel. *Vicaya* eller *vicayana* betyder att dela, dissekera, lösa upp, separera, vilket är meningen med Vipassana. Inledningsvis är *dhamma-vicaya* intellektuell. Kroppen analyseras som endast fyra element, utan något "jag". Sinnet är inget utöver dessa fyra processer. De sex sinnesportarna, deras respektive objekt, kontakten mellan dem och processen av mångfaldigande iakttas. Den intellektuella klarhet man vunnit ger vägledning när man börjar med den egentliga Vipassanapraktiken och studerar sanningen på den faktiska nivån.

Den tredje *bojjhaṅga* är *viriya* (strävan, ansträngning), som i *sammā-vāyāmo* i den ädla åttafaldiga vägen. Stor ansträngning krävs, men ansträngningen består i att inte reagera, att låta saker och ting bara ske. Även om du segrat i tusen strider mot tusen krigare, är denna inre strid av icke-reaktion svårare eftersom det gamla vanemönstret är att göra något, att reagera. Kämpa inte på samma sätt som Ānanda – "Jag *måste* bli en *arahant*", "Jag *måste*" utplåna mina inre föroreningar – om du praktiserar på detta sätt blir sinnet obalanserat. En annan ytterlighet är att inte arbeta, att inte iaktta alls, och bara låta saker ske. Låt saker ske, men förstå också verkligheten som den är. En lätt anspänning är nödvändig: det fungerar varken med alltför mycket eller ingen alls. Ett visst tryck är till exempel nödvändigt för att borra hål i en dyrbar ädelsten, men alltför mycket tryck kommer att spräcka den. Det är en medelväg.

Viriya innebär att enbart iaktta, att förstå uppkomstens och försvinnandets obeständiga natur: att praktisera utan att reagera. Befrielsen sker genom Dhamma, naturens lag.

När du fortsätter att öva med *sati, dhamma-vicaya* och *viriya* försvinner de inre orenheterna och *pīti* uppstår och växer i styrka: en behaglig känsla i kroppen, hänförelse och lycksalighet. Var försiktig. Om du fäster dig vid detta fria flöde av subtila vibrationer i hela kroppen, om du försöker mana fram det och klamrar dig fast vid det, är det inte längre en *bojjhaṅga*. Om förståelsen av *anicca* finns där – förståelsen av att allt detta fortfarande sker inom kropp och sinne, som kännetecknas av att uppstå och försvinna – så upphör de inre föroreningarna, och *pīti* utvecklas och blir till en upplysningsfaktor.

Allt eftersom våg efter våg av denna angenäma förnimmelse kommer och iakttas, når man det viktiga stadium som kallas *passaddhi*: djup stillhet och lugn. Även ett svagt ljud blir nu en påtaglig störning. Andningen, som blir som en fin tråd som gör en subtil U-sväng vid näsöppningarna, är även den en störning. Sinnet är så fridfullt, lugnt och stilla. Ännu en fara dyker upp: det felaktiga intrycket att denna djupa frid, som aldrig tidigare upplevts, är befrielse. Liksom *pīti*, lycksalighet, kan förslava om den inte används på rätt sätt, kan också *passaddhi* förslava. Den är bara en rastplats på vägen: slutmålet är fortfarande långt borta. Du kan kontrollera att de sex sinnesportarna fortfarande fungerar: öppna dina ögon, eller lyssna. Du är fortfarande kvar inom uppkomstens och försvinnandets sfär. Du har inte gått bortom kropp och sinne.

Även om det kan vara svårt att uppfatta på detta höga stadium så kvarstår fortfarande en subtil vågrörelse, och denna kroppsförnimmelse kallas *adukkhamasukhaṃ*. I *pīti* var det angenämt; nu är det bara lugnt. Faran ligger i att *anicca* inte upplevs. Att inte hålla fast vid sina begär efter behagliga kroppsförnimmelser eller motvilja mot obehagliga kroppsförnimmelser är mycket lättare än att inte hålla fast vid denna känsla av frid. Var mycket vaksam: med ett mycket skarpt sinne kan du känna den subtila vågrörelsen. Var uppmärksam på de sex sinnesportarna och fortsätt förstå att även denna upplevelse är *anicca*.

Det kommer ofta frågor om neutrala kroppsförnimmelser. Buddha avsåg inte den tidiga, ytliga kroppsförnimmelsen som varken är behaglig eller obehaglig. Den är något helt annat. Den handlar om begär och motvilja eftersom människor blir uttråkade av den, tappar intresset och vill ha något annat. Deras nuvarande upplevelse duger inte. De vill ha något mer eller något nytt, något de inte redan har. Detta är deras gamla vanemönster.

Olika människor från olika samhällen, länder, religioner, övertygelser och trostraditioner kommer till Vipassana som om det vore Ganges – för att släcka sin törst, göra slut på sin okunnighet och sitt elände. Även om de accepterar att strukturen av kropp och sinne utgörs av ständig uppkomst och försvinnande, och är utan essens, så kan deras traditionella trosföreställningar leda dem till att uppfatta denna djupa neutrala känsla som något evigt, vilket blir till ett hinder för dem. För den som har en traditionell tro på själens evighet förefaller *passaddhi* vara just detta. För någon annan, som tror på en evig skapare som lever inom oss, kan detta framstå som just den oföränderlige skaparen. Detta är en farlig illusion. Undersök grundligt denna *passaddhi*, denna djupa, lugna och fridfulla upplevelse. Om du är medveten om den mycket subtila svängning som uppstår och försvinner, blir detta en *bojjhaṅga* som ger dig styrkan att gå längre. Din erfarenhet växer.

Nästa upplysningsfaktor är *samādhi* – koncentration eller absorption. Det fanns olika typer av *samādhi* innan Buddha blev Buddha, precis som det gör idag. När de åtta *jhāna* uppnåtts, finns det risk att man tror att man har nått målet, men det är endast *lokiya samādhi*, som liv efter liv resulterar i att man roterar från ett existensplan till ett annat. *Sammā-samādhi* lösgör oss från alla plan och ger full befrielse från det förslavande som födelse och död leder till, och från varje typ av lidande. Det praktiseras med *sampajañña*, medvetenhet om det fenomen som är kropp och sinne samt förståelsen av dess egenskap att uppstå och försvinna. Sinnet är koncentrerat på verkligheten. Då blir det *lokuttara*, bortom existensplanen. När *jhāna* uppnås, uppnås samtidigt frukten, *nibbāna*. Med *samādhi* skördar meditatören en efter en frukterna av *sotāpanna, sakadāgāmī, anāgāmī* och *arahant*. *Samādhi* blir då en upplysningsfaktor.

Upekkhā – sinnesjämvikt, är den sjunde upplysningsfaktorn. Liksom *sati* måste den finnas där från början till slut, med varje steg. Oavsett vilken annan faktor man arbetar med, måste medvetenhet och sinnesjämvikt alltid finnas där.

Ett rent sinne har alla dessa faktorer. Inre föroreningar som iakttas kommer upp till ytan och blir utplånade; men när man iakttar upplysningsfaktorer som en efter en kommer till ytan sker det motsatta: de utvecklas, växer i styrka och fulländas. Detta avsnitt förklarar hur slutmålet, fullständig upplysning, på så vis uppnås.

> *santaṃ vā ajjhattaṃ satisambojjhaṅgaṃ 'atthi me ajjhattaṃ satisambojjhaṅgo' ti pajānāti, asantaṃ vā ajjhattaṃ satisambojjhaṅgaṃ 'natthi me ajjhattaṃ satisambojjhaṅgo' tim pajānāti*

När upplysningsfaktorn *sati* är närvarande (*santaṃ*), förstår meditatören (*pajānāti*): *'Atthi me ajjhattaṃ ...'* ("Nu är *sati* närvarande i mig ..."). När den är *asantaṃ* (inte närvarande), accepterar meditatören även denna verklighet – *N'atthi me ajjhattaṃ ...'* ("Nu är *sati* inte närvarande i mig ...")

> *... yathā ca anuppannassa satisambojjhaṅgassa uppādo hoti taṃ ca pajānāti, yathā ca uppannassa satisambojjhaṅgassa bhāvanāya pāripūrī hoti taṃ ca pajānāti.*

All tidigare ansamlad *sati* kommer nu till undsättning. Den kommer till ytan (*anuppannassa uppādo hoti*) och meditatören förstår (*taṃ ca pajānāti*). Efter att flera gånger ha uppstått (*uppannassa*) förstås *sati* med visdom och mångfaldigas tills den fulländas – blir helt och fullt uppnådd (*bhāvanāya pāripūrī*).

> *Santaṃ vā ajjhattaṃ dhammavicayasambojjhaṅgaṃ ... bhāvanāya pāripūrī hoti taṃ ca pajānāti.*

På samma sätt förstås *dhamma-vicaya*, att studera sanningen analytiskt, endast som närvarande eller frånvarande. *Dhamma-vicaya* från det förflutna, som inte redan tidigare har uppstått, uppstår upprepade gånger från sinnets djup och iakttas: den utvecklas till fulländning och slutmålet har nåtts. Allt detta förstås.

> *... vīriyasambojjhaṅgaṃ ...*
> *... pītisambojjhaṅgaṃ ...*
> *... passaddhisambojjhaṅgaṃ ...*
> *... samādhisambojjhaṅgaṃ ...*
> *Santaṃ vā ajjhattaṃ upekkhāsambojjhaṅgaṃ ... bhāvanāya pāripūrī hoti taṃ ca pajānāti.*

Upplysningsfaktorerna *viriya* (strävan), *pīti* (hänförelse, lycksalighet, parallellt med behagliga förnimmelser i kroppen), *passaddhi* (frid), *samādhi* (koncentration) och *upekkhā* (sinnesjämvikt) förstås på samma sätt och utvecklas till fulländning.

> *Iti ajjhattaṃ vā dhammesu dhammānupassī viharati ... 'atthi dhamma' ti ... na ca kiñci loke upādiyati.*

Dhamma iakttas på insidan, på utsidan samt både på insidan och på utsidan; då de uppstår, försvinner samt både uppstår och försvinner. Meditatören inser, "Dessa är *dhamma*" och medvetenhet etableras med denna verklighet. Man försöker inte längre att hålla kvar eller klamra sig fast. Så praktiserar man *dhammānupassanā*.

Frågor och svar

F: Är att rikta uppmärksamheten den enda frihet vi har, medan allt annat styrs av Dhamma?

S: Allt styrs av Dhamma. Att rikta din uppmärksamhet är enda sättet att befria dig. Du kan göra vad du vill, men om du reagerar så kommer Dhamma att binda dig. Om du endast iakttar, kommer Dhamma definitivt att befria dig. Detta är naturens lag.

F: Var går skiljelinjen mellan att praktisera seriöst och begär?

S: Det är en bra fråga. Om du känner begär efter att arbeta seriöst, längtar du efter att uppnå ett visst resultat, eller så klamrar du dig fast vid att arbeta seriöst. Om du märker att du inte arbetar seriöst och därför blir nedstämd, då fanns det begär. Acceptera helt enkelt det faktum att du inte arbetade på allvar och börja på nytt, medveten om du måste arbeta på allvar. Då fortsätter du att göra framsteg.

F: Kommer neutrala kroppsförnimmelser från neutrala reaktioner, och hoppas vi kunna ändra detta till att enbart iaktta?

S: Neutrala kroppsförnimmelser uppstår på grund av okunnighet. Okunnigheten försvinner när de bara iakttas som föränderliga fenomen. En ytlig förståelse av *anicca*, vilket är till hjälp, uppnås då en mycket grov, stelnad, obehaglig kroppsförnimmelse försvinner efter ett tag. En djupare förståelse, som grundas på medvetenhet om den subtila underströmmen av vibrationer, är att denna kroppsförnimmelse uppstår och försvinner i varje ögonblick.

F: När en meditatör rycks med och fastnar i tankar om sinnliga begär och efter ett tag börjar iaktta, mångfaldigar man då sina *saṅkhāra* så att situationen blir värre i stället för att man renar sig?

S: Tidigare pågick processen av mångfaldigande utan avbrott. Nu blir ögonblicken då du iakttar till ett par sekunder, ett par minuter, ett par timmar, vilket kommer dig tillgodo. Praktisera Vipassana, och förstå att varje gång du fastnar i sinnliga begär så mångdubblar du ditt elände, och i den utsträckning som du iakttar tar du dig ur det.

F: Buddhas undervisning verkar innebära att uppmärksamheten rör sig i en svepande rörelse, kopplad till andningen. Vad är då ursprunget till, och vikten av, att arbeta del för del i den här tekniken?

S: När Buddha säger *sabba-kāya-paṭisaṃvedī assasissāmī' ti sikkhati,* betyder *"sikkhati"* "lär sig". På andra ställen används *pajānāti* ("han förstår korrekt"). Du måste lära dig att svepa hela kroppen i ett andetag, och att lära sig detta innebär: att iaktta del för del, så att dess fasthet upplöses, tills dess att hela kroppen är upplöst och du kan svepa över hela kroppen. Då återgår du till att arbeta del för del, för även om hela kroppen verkar ha öppnats upp, kan det finnas små outforskade områden. Du lär dig (*sikkhati*) att nå stadiet som kallas *bhaṅga-ñāṇa.*

F: *Suttan* beskriver fyra sätt att iaktta och många metoder, men ändå lär du bara ut andning och förnimmelser på kroppen. Det görs ingen rangordning av metoderna utefter hur viktiga de är. Varför inte lära ut även alla de andra metoderna, såsom gående meditation och att iaktta tankar?

S: Det finns olika traditioner, och Buddha, en upplyst människa, gav också olika meditationsobjekt att börja med till olika människor beroende på deras bakgrund, förmåga och benägenhet. Allteftersom de utvecklades vidare var dock delmålen desamma.

Denna levande tradition kommer från de som började med att arbeta med andningen, varifrån man gick över till kroppsförnimmelser och därmed upplevde uppkomst och försvinnande. Medvetenhet om andning och kroppsförnimmelse kommer tillsammans att leda till slutmålet. Det är inte förbjudet att prova något annat, men om du gör framsteg här, och bara av nyfikenhet prövar något annat, slösar du bort din tid. Om du redan känner kroppsförnimmelser överallt och prövar gående meditation någon annanstans – varje fot som rör sig upp och ner, men utan kroppsförnimmelser – kommer din förmåga att känna förnimmelser på en subtil nivå att trubbas av. Om du då går tillbaka till denna teknik kommer du inte att kunna känna kroppsförnimmelser på samma djup. Naturligtvis finns det människor med ett mycket grovt sinne som har väldigt svårt att iaktta subtil andning, och att gå kanske passar dem bättre.

Det är också svårt att känna subtil andning på ett litet område. Om du redan känner subtil andning tydligt och sedan försöker känna andningen med handen på magen – vilket är en grövre teknik – är det att gå tillbaka. Buddha vill att du ska gå från *olāriko* till *sukhuma* – från det grova till det förfinade. Om i ett visst skede något grovt kommer upp från djupt inom dig så kan det inte hjälpas. Men du har inte råd att av ren nyfikenhet avsiktligt börja arbeta med ett grovt objekt, till exempel de första meningarna av en annan teknik, och glömma bort den förfinade verkligheten i stadiet som du redan uppnått. Om en annan teknik passar dig bättre, håll dig till den och nå slutmålet. Men tiden är dyrbar. Slösa inte bort ditt dyrbara liv genom att springa hit och dit.

F: ”Jag” finns inte.

S: Nej – ”jag” finns inte!

F: Vad är det då som behöver upplysning?

S: Okunnighet behöver upplysas, bundenhet behöver befrias. Inget annat.

F: Hur definierar man ett sinne fullt av medkänsla? Kan vi använda medkänsla med medvetenhet när det gäller vårt eget lidande?

S: När medkänsla finns i ditt sinne, acceptera ditt sinne som ett sinne fullt av medkänsla. Förvisso, var snäll mot dig själv, älska dig själv, var det första föremålet för din medkänsla. Varje gång du genererar *saṅkhāra*, även begär och motvilja gentemot någon annan, är du så grym mot dig själv, du utsätter dig själv för så mycket lidande. Din ilska kommer inte att skada en god Vipassanameditatör – den kanske skadar eller kanske inte skadar andra – men du skadar alltid dig själv och gör dig själv olycklig. Undvik det. Var snäll mot dig själv och ha medkänsla för dig själv.

F: Stämmer det att tolkningen av *vedanā* är det som i första hand skiljer vår form av Vipassana från andra former inom den buddhistiska traditionen? Och hur definierar de andra *vedanā*, om inte som fysiska förnimmelser?

S: Ja. Andra traditioner ser *vedanā* endast som känslor i sinnet. Vi dömer inte ut andra traditioner och det är sant att *vedanā* är en av de fyra processerna som utgör sinnet. Vi behöver förklara i stället för att bara översätta vissa ord som Buddha använt och förklarat tidigare. Exempelvis hade *sampajañña* tidigare definierats som att känna förnimmelser som uppstår och försvinner. Dessutom har många ord idag antingen gått förlorade eller fått en helt annan betydelse, så vi måste gå till *Tipiṭaka* för att ta reda på hur Buddhas ursprungligen definierade dem. Buddha förklarade att *sukha* och *dukkha vedanā* avser kroppen, och han använde *somanassa* och *domanassa* när han talade om sinnet. I *vedanānupassanā* använder han inte *somanassa* och *domanassa*, utan *sukha* och *dukkha vedanā*, så vi måste arbeta med förnimmelser på kroppen.

Använd dig av allt det som du förstått intellektuellt och allt som du upplevt. Använd dig av Dhamma, inte bara på den här kursen utan även i det dagliga livet. Att reagera är alltid fullt av negativitet. Lev ett liv i Dhamma. Vad som än händer utanför dig, iaktta kroppsförnimmelsernas verklighet inom dig och förbli i sinnesjämvikt. Då blir alla dina beslut och handlingar gynnsamma – de blir inte till reaktioner, utan till positiva handlingar, bra för dig och bra för andra.

Må ni alla lära er att leva ett liv som är bra för både er själva och för andra. Må ni alla njuta de bästa frukter som Dhamma ger: frid, harmoni, lycka.

Må alla varelser vara lyckliga.

DAG SJU

Den sjunde dagen av *Satipaṭṭhāna*kursen är över. Vi har kommit till den avslutande delen av *Mahā-satipaṭṭhāna* sutta.

Catusaccapabbaṃ – de fyra ädla sanningarna

dhammesu dhammānupassī viharati catūsu ariyasaccesu

Hur praktiseras *dhammānupassanā* när man iakttar de fyra ädla sanningarna?

'idaṃ dukkhaṃ' ti yathābhūtaṃ pajānāti, 'ayaṃ dukkhasamudayo' ti yathābhūtaṃ pajānāti, 'ayaṃ dukkhanirodho' ti yathābhūtaṃ pajānāti, 'ayaṃ dukkhanirodhagā minī paṭipadā' ti yathābhūtaṃ pajānāti.

"Detta är lidande." "Detta är lidandets uppkomst." "Detta är lidandets upphörande." "Detta är vägen som leder till lidandets upphörande." Varje sanning förstås som den är.

Pajānāti betyder att förstå i vishet. *Yathābhutaṃ* – som det är, som det sker – betyder direkt erfarenhet och förståelse, precis som det lärs ut i Buddhas första föredrag. Att lidande uppstår på grund av begär var redan känt. Att begär måste utplånas var inget nytt. Alla lider, men det i sig gör inte någon till en ädel människa. Buddhas upptäckt var hur man gör denna sanning till en *ariya sacca*, en ädel sanning, så att vem som helst som upplever det blir en ädel människa och uppnår åtminstone det första steget av *nibbāna*, det första steget av upplysning.

För var och en av de fyra ädla sanningarna krävs tre saker, vilket gör att det blir tolv totalt. Den första delen av den första ädla sanningen – "Detta är lidande" – kan alla förstå. Den andra delen, *pariññeyya,* betyder dock att varje aspekt av lidande måste förstås, hela fältet. Samma ord *parijānāti* användes tidigare för full förståelse av *vedanā*, med *sampajañña. Parijānāti* kommer när man har gått bortom *vedanā.* Om man inte gör det, kan det finnas någon del av *vedanā* som fortfarande är outforskad. På samma sätt måste hela fältet av *dukkha* utforskas, *dukkha* i hela dess utsträckning. Därefter kommer den tredje delen: *pariññāta,* "Denna sanning är fullständigt utforskad." Det betyder att den har överskridits: den är *ariya sacca.* Det är först när man har gått bortom *dukkha* som det går att hävda att man har utforskat *dukkha* i hela dess utsträckning.

På en ytlig nivå finns det fyra ädla sanningar, men när man går djupare mynnar de ut i en och samma, precis som de fyra *satipaṭṭhāna.*

Dukkha samudaya, lidandets uppkomst eller orsak – alltså begär – är den andra ädla sanningen. Även här fanns det en intellektuell acceptans och ytlig förståelse av den grundläggande principen, en kvarleva från tidigare buddhors undervisning. Men den andra delen av den är *pahātabbaṃ*: begär bör utplånas fullständigt. Sen kommer den tredje delen, *pahīnaṃ*: det är fullständigt utplånat. Då har man nått fullständig upplysning. Buddhas bidrag var att återetablera den här djupare aspekten, vilken varit försvunnen sedan lång tid.

På samma sätt räcker det inte att enbart acceptera – på grund av tro eller logiskt tänkande – den tredje ädla sanningen: *dukkha nirodha,* lidandets upphörande. Dess andra del är *sacchikātabbaṃ*: den måste erfaras. Dess tredje stadium är *sacchikataṃ*: den har erfarits och är således fullständig.

Den fjärde ädla sanningen är också meningslös om den enbart accepteras på en intellektuell nivå. Dess andra del är *bhāvetabbaṃ*: den måste praktiseras upprepade gånger tills *bhāvitaṃ*, tills den är fullbordad. Det var först när han hade gått hela vägen, när han hade fullbordat alla de fyra ädla sanningarna, var och en av dem på dessa tre sätt, som Gotama kallade sig för Buddha.

Till en början ville de fem vänner som Buddha först gav Dhamma inte lyssna på honom. De trodde att upplysning inte var möjlig om man inte utövade extrem kroppslig självtortyr. Buddha hade redan prövat det. Han hade svält sig själv tills hans kropp bara var ett skelett, för svag för att ta ens två steg. Men under sina tidigare erfarenheter av de åtta *jhāna* hade han sett att de djupaste mentala föroreningarna fortfarande fanns kvar. Att svälta sig själv var meningslöst, så han gav upp den övningen och började äta.

För att övertyga dem berättade han att han hade upplevt de fyra ädla sanningarna, *yathābhūtaṃ pajānāti,* och uppnått visdom baserad på erfarenhet, inte bara baserad på intellektuell eller hängiven förståelse. Först då var de beredda att åtminstone börja lyssna på honom.

Dukkhasaccaṃ – sanningen om lidandet

dukkhaṃ ariyasaccaṃ

Den ädla sanningen om lidandet, från grovt till subtilt, beskrivs nu.

Jāti pi dukkhā, jarā pi dukkhā, (byādhi pi dukkhā,) maraṇaṃ pi dukkhaṃ, sokaparideva dukkhadomanassupāyāsā pi dukkhā, appiyehi sampayogo pi dukkho, piyehi vippayogo pi dukkho, yampicchaṃ na labhati taṃ pi dukkhaṃ, saṅkhittena pañcupādānakkhandhā dukkhā.

Dukkhas alla former förklaras med hjälp av synonymer.

Jāti är födelse på alla plan. *Jarā* är ålderdom, svaghet, försämring av sinnesfunktionerna. *Byādhi* är sjukdom. *Maraṇa* är död på alla plan, upplösning av sinnesprocesserna. *Soka* är sorg, mental bedrövelse på grund av förlust av någon som stått en nära, och *parideva* är den gråt och klagan som uppstår som ett resultat av förlusten. *Dukkha* är kroppslig smärta och obehagliga kroppsförnimmelser. *Domanassa* är psykiskt obehag. *Upāyāsa* är psykisk ohälsa och lidande till följd av förlust eller olycka. Alla dessa är *dukkha.*

Både här och i förklaringar på andra ställen används *dukkha* för obehagliga eller smärtsamma kroppsliga förnimmelser, och *domanassa* (som kommer från *mana*, sinne) för psykiska obehag. Det kan vara en tanke, ett minne, en rädsla. På samma sätt används *sukha* för behagliga kroppsliga förnimmelser och *somanassa* för behagliga känslor i sinnet. I *vedanānupassanā* används orden *dukkha* och *sukha vedanā*, vilket är anledningen till att den här traditionen lägger så stor vikt vid de kroppsliga förnimmelserna som meditationsobjekt.

På en subtilare nivå är *appiyehi sampayogo* att komma i kontakt med någonting obehagligt: *rūpa,* en syn, färg eller ett ljussken; *sadda,* ljud; *gandha,* lukt; *rasa,* smak; *phoṭṭabba,* känsel; eller *dhamma,* en tanke. *Piyehi vippayogo* är avsaknaden av kontakt med något behagligt. Att inte vara nära de man håller kära, såsom vänner och familjemedlemmar, är *dukkha.*

Än mer subtilt är *icchaṃ na labhati*: att inte få det man önskar. Om någon önskar komma loss från kretsloppet av liv och död utan att lyckas uppnå det stadiet så är det *na pattabbaṃ,* icke uppfyllt. Detta är lidande. På samma sätt uppstår begär att slippa bli gammal, att slippa sjukdom och död samt alla former av mentalt och psykiskt lidande och smärta, men inte heller det uppfylls.

Sammanfattningsvis: *saṅkhittena*, och på en ännu djupare nivå, *pañcupādānakkhanda, upādāna* – fastklamrandet vid de fem processerna, *pañca khanda,* bestående av *rūpa,* materia; *vedana,* kroppsförnimmelser; *sañña,* urskiljning; *saṅkhāra,* mentala reaktioner; och *viññāṇa,* medvetande – är lidande.

Att acceptera den första ädla sanningen av hängivenhet eller på grund av att det tycks logiskt hjälper inte: den måste upplevas (*yathābhūtaṃ pajānāti*) i hela sin form. Det görs genom att praktisera *sīla* och *samādhi,* och med ett koncentrerat sinne praktiserar du att iaktta den subtilaste verkligheten i de fem *khandha* och de sex sinnesportarna. Det är hela den ädla åttafaldiga vägen.

Det är uppenbart att de inledande intensiva, stelnade och smärtsamma kroppsförnimmelserna är *dukkha,* men de måste iakttas med sinnesjämvikt eftersom att reagera på dem bara mångfaldigar lidandet. Genom att man behåller sinnesjämvikt kan de delas upp, dissekeras och lösas upp, och även om smärta kvarstår kan man samtidigt uppleva en underliggande vibration. När smärtan har delats upp av dessa små vågrörelser, upplevs den inte längre som lidande. När den också försvinner, kvarstår bara en ström av väldigt subtila vibrationer, som ger upphov till *pīti*. Det är fortfarande *dukkha* eftersom det saknas verklig glädje, eftersom det är *anicca,* det uppstår och försvinner. Den första upplevelsen av *bhaṅga* är väldigt viktig, eftersom den hjälper en att inse att alla materiella strukturer byggs upp av subatomära partiklar, ingenting annat. Men om upplevelsen tas för att det är slut på lidande så har man fortfarande inte undersökt hela fältet av *dukkha*. Obehagliga kroppsförnimmelser kommer att dyka upp igen: dels för att djupliggande, gamla *saṇkhāra* kommer upp till ytan, dels på grund av sittställning, sjukdom och liknande. Varje behaglig upplevelse har *dukkha* som sin inneboende natur, eftersom de alla är obeständiga.

Nästa steg, *passaddhi,* lugn, är fritt från obehag och är till synes också fritt från *dukkha,* men *samudaya vaya* är fortfarande närvarande. Dock *sabbe saṅkhārā aniccā* – allt som skapas, allt som sätts samman är dömt att förstöras. Grova kroppsförnimmelser kommer fortfarande att dyka upp, eftersom denna *passaddhi* fortfarande är en erfarenhet som kommer att ta slut och försvinna, den är fortfarande inom sinnets och materians fält. Hela fältet av *dukkha* har fortfarande inte omfattats. Det är bara utforskat i sin helhet när man har nått bortom det, till ett stadium där ingenting skapas eller uppstår.

Alltså kan inte förståelsen av *dukkha* på en grov nivå sägas vara en ädel sanning. *Parijānāti* (fullständig förståelse) innebär att utforska hela fältet med direkt erfarenhet. Det är först när det är *pariññātaṃ* (förstått till sitt slut) som det blir en ädel sanning.

Samudayasaccaṃ – sanningen om lidandets uppkomst

dukkhasamudayaṃ ariyasaccaṃ

Den andra ädla sanningen är lidandets uppkomst.

Yāyaṃ taṇhā ponobbhavikā nandīrāgasahagatā tatratatrābhinandinī, seyyathidaṃ, kāmataṇhā bhavataṇhā vibhavataṇhā.

Detta är *taṇhā,* begär; *ponobbhavikā,* som skapar liv efter liv; *nandī-rāga-sahagatā,* förbundet med begär efter nöjen; *tatra-tatrābhinandinī,* söker njutning än här än där; *seyyathīdaṃ,* som är:

Kāma-taṇhā är sensuell njutning. Varje önskan om njutning övergår snabbt till begär, framför allt sexuella begär.

Bhava-taṇhā är en önskan att leva, även om kroppen och hela universum hela tiden bryts ner. På grund av fastklamrande vid detta ”jag”, på grund av begär efter att bli till, efter tillblivelse, framstår filosofier som omfamnar idén om evighet som attraktiva.

Vibhava-taṇhā är det motsatta, på två sätt. Ett är att man vill att detta kretslopp av liv och död ska ta slut, ett stadium som inte kan uppnås genom sådant obalanserat begär. Det andra är en vägran att acceptera att lidandet fortsätter även efter detta livet, så länge som det finns *saṅkhāra,* av rädsla för vad de ogynnsamma handlingar jag har utfört i det här livet ska leda till. Det finns ett obalanserat begär och fastklamrande till filosofin som säger att det här är den enda existensen.

Med dessa tre slags *taṇhā* uppstår *dukkha.*

Men var uppstår och var dröjer sig då dessa tre slags *taṇhā* kvar?

Yaṃ loke piyarūpaṃ sātarūpaṃ etthesā taṇhā uppajjamānā uppajjati, ettha nivisamānā nivisati.

Begär *uppajjati* (uppstår) och *nivisati* (blir kvar) varhelst i den *loka* där det finns behag (*loke piyarūpaṃ sātarūpaṃ*). Både *pīya* och *sāta* betyder ”behaglig”, ”angenäm.” En betydelse av *loka* är ”existensplan”, men här innebär det ”inom kroppens ramverk.” En *deva* som hette Rohita gick förbi Buddhas kloster där Buddha satt. Samtidigt som han gick sjöng han: *Caraiveti, caraiveti,* ”Fortsätt gå, fortsätt gå.” När Buddha frågade sa Rohita att han gick för att utforska alla *loka* i hela deras utsträckning, och sen gå bortom dem. Buddha log och förklarade att hela universum, dess orsak och dess upphörande, och vägen till dess upphörande, finns inom den egna kroppen.

Ordagrant *luñjati paluñjatī ti loka* – något som ständigt förstörs. Det uppstår och försvinner. Sinne och materia uppstår och försvinner i hela sin utsträckning, och det förstås inom den egna kroppen. När du sår ett frö som hör till ett särskilt existensplan kommer du också att få uppleva det. En väldigt ogynnsam *saṅkhāra* leder till att man får uppleva helveteselden inom sig, både nu och senare när frukten är mogen. Om du sår ett frö av ett himmelskt livsplan kommer allt att kännas behagligt. Om du sår ett frö av ett brahmiskt plan kommer du att uppleva lugn, både nu och senare. Även *nibbāna,* det stadium då ingenting uppstår eller försvinner, måste upplevas i den egna kroppen.

Begär uppstår därför närhelst man upplever något behagligt i kroppen.

Nu ges detaljer om var begären uppstår.

> *Cakkhu loke piyarūpaṃ sātarūpaṃ, etthesā taṇhā uppajjamānā uppajjati, ettha nivisamānā nivisati ... Sotaṃ ... Ghānaṃ ... Jivhā ... Kāyo ... Mano loke piyarūpaṃ sātarūpaṃ, etthesā taṇhā uppajjamānā uppajjati, ettha nivisamānā nivisati.*

Begär uppstår och blir kvar i *cakkhu* – ögats sinnesport – om något behagligt och angenämt kommer i kontakt med det. Samma sak händer i öronen, näsan, på tungan, i kroppen eller sinnet.

> *Rūpa ... Saddā ... Gandhā ... Rasā ... Phoṭṭhabbā ... Dhammā ... nivisati.*

Varhelst ett objekt upplevs som behagligt, såsom en syn, ett ljud, en lukt, en smak, en beröring eller en tanke, uppstår begär och där fortsätter det att finnas.

Cakkhu-viññāṇaṃ ... Sota-viññāṇaṃ ... Ghāna-viññāṇaṃ ... Jivhā-viññāṇaṃ ... Kāya-viññāṇaṃ ... Mano-viññāṇaṃ ... nivisati.

Begär kan uppstå vid alla sinnesportarnas sex *viññāṇa*. För att beskriva sinnet räcker vanligtvis de fyra processerna *viññāṇa, saññā, vedanā,* och *saṅkhāra*. På en djupare nivå av Vipassana separeras de. Men innan det stadiet uppnås är det risk att filosofier tar över, för trots upplevelsen av att allting uppstår och försvinner så är det något som tycks kvarstå: iakttagaren – som är *viññāṇa* – delas inte upp eller dissekeras. Det ses som en evig själ: *je viññāya te āya ye āya te viññāya* (det som är *viññāṇa* är själ och det som är själ är *viññāṇa*). Men på ett djupare plan separeras dessa: ögats *viññāṇa* kan inte höra, örats *viññāṇa* kan inte se. Alla dessa olika *viññāṇa* kan upphöra, och när sinnets *viññāṇa* också upphör uppnås *nibbāna*.

Buddha ger fler detaljer:

Cakkhu-samphasso ...
Cakkhu-samphassajā vedanā ... Rūpa-saññā ...
Rūpa-sañcetanā ... Rūpa-taṇhā ... Rūpa-vitakko ...
Rūpa-vicāro ... nivisati.

Begär uppstår och fortsätter att finnas på grund av kontakt (*samphasso*) vid någon av sinnesportarna. Denna kontakt leder till en kroppsförnimmelse (*samphassajā vedana*) och begär uppstår och fortsätter att finnas. Sen följer hur objektet som kommit i kontakt med någon av sinnesportarna uppfattas eller värderas (*saññā*) samt begär uppstår och fortsätter att finnas. *Sañcetanā* (mental reaktion) som objektet ger upphov till, är en synonym till *saṅkhāra,* och återigen uppstår begär och fortsätter att finnas. Och så uppstår begär (*taṇhā*) och fortsätter att finnas i relation till alla sinnesobjekten. En tanke om detta objekt (*vitakko*) följer. Slutligen fastnar man i tankar på objektet (*vicāro*). Hela denna process sker vid var och en av de sex sinnesportarna.

Den här andra ädla sanningen kallas *dukkha-samudaya*. Allmänt sett är det sant att *taṇhā* är det som orsakar lidande. Men *samudaya* betyder ”att uppstå”, för lidande uppstår samtidigt som begär, utan någon tidsförskjutning.

Nirodhasaccaṃ – sanningen om lidandets fullständiga utsläckande

dukkhanirodhaṃ ariyasaccaṃ

Den tredje ädla sanningen är det fullständiga utplånandet av allt begär, så att det inte längre kan uppstå på nytt. "Det är att begäret försvagas och fullständigt utsläcks, att det lämnas därhän och överges; att man blir fri från det, att det inte längre finns någon plats för det."

Yo tassāyeva taṇhāya asesavirāganirodho cāgo paṭinissaggo mutti anālayo.

Så var sker då detta arbete?

Yaṃ loke piyarūpaṃ sātarūpaṃ, etthesā taṇhā pahīyamānā pahīyati, ettha nirujjhamānā nirujjhati.

Var än *taṇhā* (begär) uppstår och fortsätter att finnas i *loke* – kroppens och sinnets fält – där måste det utplånas (*pahīyamānā pahīyati*) och utsläckas (*nirujjhamānā nirujjhati*). Det måste bearbetas och fullständigt utplånas i ögats, örats, näsans, tungans, kroppens och sinnets sinnesportar. Därefter ges fler detaljer:

Cakkhu ... Sotaṃ ... Ghānaṃ ... Jivhā ... Kāyo ... Mano loke piyarūpaṃ sātarūpaṃ, etthesā taṇhā pahīyamānā pahīyati, ettha nirujjhamānā nirujjhati. Rūpa ... Saddā ... Gandhā ... Rasā ... Phoṭṭhabbā ... Dhammā ... nirujjhati.

Cakkhu-viññāṇaṃ ... Cakkhu-samphasso ... Cakkhu-samphassajā vedanā ... Rūpa-saññā ... Rūpa-sañcetanā ... Rūpa-taṇhā ... Rūpa-vitakko ... Rūpa-vicāro ... nirujjhati.

Detta måste upphöra fullständigt, både i de sex sinnesportarna och i deras respektive objekt. Återigen föregår sex *viññāṇa* både kontakten med objekten och de kroppsförnimmelser som denna kontakt resulterar i. Sen följer sex *saññā,* vilka utvärderar kroppsförnimmelsen. Sen är det sex *sañcetanā* (viljemässiga handlingar), vilka också kan kallas för *saṅkhāra*. *Taṇhā* (begär) följer på det. *Vitakko* är de tankar som uppstår på grund av kontakten mellan objektet och sinnesporten, eller de minnen eller tankar på framtiden som kommer upp i samband med den kontakten. *Vitakka* följs av *vicāro,* vilket är fortsatta tankar kring objektet.

Det här är den ädla sanningen om lidandets fullständiga utsläckande. Under den här kursen är det omöjligt att uppnå en så detaljerad och minutiös analys på upplevelseplanet, men i denna *sutta* ges fullständig undervisning så att människor kan nå högre stadier. Bland de som lyssnade, fanns de som arbetade på det tredje eller fjärde stadiet av *nibbāna,* från *ānāgāmī* till *arahant.* På dessa höga stadier delas allting upp i detaljer och friläggs. Du förstår varje liten kroppsförnimmelse som uppstår, hur den uppstår i förhållande till en särskild sinnesport och hur den uppstår i förhållande till den sinnesportens objekt. Nu förstår du hur den uppstår i förhållande till *saññā,* till *sancetanā,* och till *saṅkhāra,* och du förstår hur den upphör i förhållande till det ena eller andra. På en så hög nivå kan allting delas upp och dissekeras in i minsta detalj. Nu, och till och med på det stadium som kallas *sotāpanna,* är verkligheten djup, men inte så djup. Därför räcker det att förstå om en kroppsförnimmelse ger upphov till begär eller motvilja, eller ingetdera, tillsammans med förståelsen av *anicca.*

Maggasaccaṃ – sanningen om vägen

dukkhanirodhagāminī paṭipadā ariyasaccaṃ

Den fjärde ädla sanningen är vägen för att utsläcka allt lidande.

ariyo aṭṭhaṅgiko maggo, seyyathidaṃ, sammādiṭṭhi, sammāsaṅkappo, sammāvācā, sammākammanto, sammā-ājīvo, sammāvāyāmo, sammāsati, sammāsamādhi.

Vägen är åttafaldig. Varje del förklaras nu. Rätt förståelse (*sammādiṭṭhi*) är:

dukkhe ñāṇaṃ, dukkhasamudaye ñāṇaṃ, dukkhanirodhe ñāṇaṃ, dukkhanirodhagāminiyā paṭipadāya ñāṇaṃ.

Det är den fullständiga visdomen baserad på egen erfarenhet om lidandet, dess uppkomst, dess upphörande och om vägen: *yathā-bhūtaṃ pajānāti,* rätt förståelse av verkligheten som den är.

Rätt tankar (*sammāsaṅkappo*) är:

> *nekkhammasaṅkappo, abyāpādasaṅkappo, avihiṃsāsaṅkappo.*

Det är tankar av försakelse, tankar som är fria från ilska och tankar som är fria från våld.

Rätt tal (*sammāvācā*) är:

> *musāvādā veramaṇī, pisuṇāya vācāya veramaṇī, pharusāya vācāya veramaṇī, samphappalāpā veramaṇī.*

Det är tal som inte är falskt eller sårande. Det är inte förtal eller skvaller. Återigen: förstå att detta måste vara *yathā-bhūtaṃ pajānāti.* Det måste hända i ditt liv. Det måste upplevas, tillsammans med förståelsen att du lever ett liv där du avstår från falskt, sårande tal, från förtal och skvaller. Om du inte tillämpar det, om du inte upplever det, om det inte händer i ditt liv så är det inte *sammā* utan *micchā,* endast en intellektuell lek eller ett spel med känslor. Det måste vara *yathā-bhūta.*

Rätt handling (*sammākammanto*) är:

> *pāṇātipātā veramaṇī, adinnādānā veramaṇī, kāmesumicchācārā veramaṇī.*

Det är att avstå på fysisk nivå (*veramaṇī*) från att döda (*pāṇātipātā*), stjäla (*adinnādānā*) eller att missbruka sin sexualitet (*kāmesumicchācārā*). Även detta måste levas; det måste hända i ens liv. Bara när du kan säga att du lever ett liv där du avstår från att döda, från att stjäla och från att missbruka din sexualitet är det *pajānāti,* är det upplevt som det är.

Rätt försörjning (*sammā-ājīvo*) är:

> *ariyasāvako micchā-ājīvaṃ pahāya sammā-ājīvena jīvitaṃ kappeti.*

Det är när man överger ogynnsam försörjning (*pahāya*), och återigen gäller samma sak: man måste ordna sin försörjning på ett gynnsamt sätt, det måste levas.

Rätt strävan (*sammāvāyāmo*) består av fyra delar:

> *anuppannānaṃ pāpakānaṃ akusalānaṃ dhammānaṃ anuppādāya ... uppannānaṃ pāpakānaṃ akusalānaṃ dhammānaṃ pahānāya ... anuppannānaṃ kusalānaṃ dhammānaṃ uppādāya ... uppannānaṃ kusalānaṃ dhammānaṃ ṭhitiyā asammosāya bhiyyobhāvāya vepullāya bhāvanāya pāripūriyā ...*
>
> *... chandaṃ janeti vāyamati vīriyaṃ ārabhati cittaṃ paggaṇhāti padahati.*

Det innebär att förhindra att ogynnsamma mentala tillstånd (*pāpakānaṃ akusalānaṃ dhammānaṃ*) som är *anuppannānaṃ* (som ännu inte uppstått) uppstår. Det är att göra sig fri från ogynnsamma mentala tillstånd som är *uppannānaṃ* (som har uppstått). Det är att väcka gynnsamma mentala tillstånd (*kusalānaṃ dhammānaṃ*) som ännu inte har uppstått. Det är att bevara och mångfaldiga allt gynnsamt som har uppstått, så att det utvecklas till fulländning (*bhāvanāya pāripūriyā*).

Det betyder att meditatören i varje situation anstränger sig (*chandaṃ janeti vāyamati*), samlar sin energi (*viriyaṃ ārabheti*), använder sinnet (*cittaṃ paggaṇhāti*) och inriktar sig helt på detta (*padahati*).

Rätt medvetenhet (*sammāsati*) är:

> *kaye kāyānupassī viharati ... vedanāsu vedanānupassī viharati ... citte cittānupassī viharati ... dhammesu dhammānupassī viharati*
>
> *ātāpī sampajāno satimā, vineyya loke abhijjhādomanassaṃ.*

Varje gång Buddha beskriver *sati* upprepar han dessa fyra *satipaṭṭhāna.* Det innebär att *sampajañña,* erfarenheten av att kroppsförnimmelser uppstår och försvinner, måste finnas. Annars är det inte *sammā-sati* som tillämpas, utan snarare den typ av vanlig medvetenhet som en cirkusartist måste ha för att kunna utföra sina konster.

Rätt koncentration (*sammāsamādhi*) innebär att praktisera de fyra *jhāna*:

> *vivicceva kāmehi vivicca akusalehi dhammehi savitakkaṃ savicāraṃ vivekajaṃ pītisukhaṃ ...*
>
> *vitakkavicārānaṃ vūpasamā ajjhattaṃ sampasādanaṃ cetaso ekodibhāvaṃ avitakkaṃ avicāraṃ samādhijaṃ pītisukhaṃ ... pītiyā ca virāgā upekkhako ca viharati sato ca sampajāno sukhaṃ ca kāyena paṭisaṃvedeti yaṃ taṃ ariyā ācikkhanti: 'upekkhako satimā sukhavihārī' ti ...*
>
> *sukhassa ca pahānā dukkhassa ca pahānā pubbeva somanassadomanassānaṃ atthaṅgamā adukkhamasukhaṃ upekkhāsati pārisuddhiṃ ...*

I den första *jhāna* lösgör man sig från sinnesbegär (*kāmehi*) och mentala orenheter. Det är *savitakkaṃ savicāraṃ*: med uppmärksamheten fäst vid meditationsobjektet och med oavbruten medvetenhet kring objektet. Det finns obundenhet (*vivekajaṃ*) och *pītisukhaṃ* – mycket välbehag och behagliga kroppsförnimmelser. Sinnet är koncentrerat. I den andra *jhāna, vitakka-vicārānaṃ vūpasamā,* förlorar meditationsobjektet sin betydelse och man upplever behag i både kroppen och sinnet. I den tredje *jhāna* försvinner behagliga mentala förnimmelser (*pīti*)*;* bara *sukha*, behagliga kroppsliga förnimmelser som uppstår av att sinnet är koncentrerat, finns kvar. Men nu finns det även *sampajañña,* vetskapen att allting uppstår och försvinner.

Förstå att även innan Buddha blev Buddha så fanns kunskapen om *jhāna* i Indien. Han hade lärt sig den sjunde och åttonde *jhāna* av två av sina tidigare lärare. Ändå lärs bara fyra *jhāna* ut här. Anledningen är att i de *jhāna* han hade lärt sig tidigare saknades *sampajañña.* Som ett resultat av det kunde de enbart ta bort orenheter på ytan och på en något djupare nivå. Utan *sampajañña* kunde de inte gå på djupet och ta ut orenheter som var djupt rotade i sinnet. Dessa orenheter kvarstod, vilket gjorde att det obrutna flödet av tillblivelse fortsatte. Nu när bara fyra *jhāna* tillämpas läggs medvetenheten om att allt uppstår och försvinner till i den tredje. *Sampajañña* läggs till.

I den fjärde *jhāna* finns inte längre någon *sukha* eller *dukkha*. *Somanassa* och *domanassa* är borta. Det finns varken behagliga eller obehagliga känslor i sinnet. Bara *adukkhamasukhaṃ* (stillhet) finns kvar, tillsammans med *upekkha-sati-pārisuddhiṃ* (sinnesjämvikt, medvetenhet och fullständig rening). *Sampajāno* används inte här för det här är ett *nibbāniskt* tillstånd. Den fjärde *jhāna* uppstår med det fjärde *nibbāniska* stadiet som upplevs av en *arahant*. *Sampajañña* var Buddhas bidrag till den tidens meditationspraktik, det medel som tar oss bortom hela fältet av sinne och materia.

Det är den fjärde ädla sanningen.

Iti ajjhattaṃ vā dhammesu dhammānupassī viharati ... 'atthi dhamma' ti ... na ca kiñci loke upādiyati.

Samma steg upprepas: medvetenheten förankras i *dhammas* sanning, bara *dhamma*, och då finns det inte längre något att klamra sig fast vid.

Hela den här förklaringen måste upplevas och förstås. Vi kan läsa den, men det är först med en djupare erfarenhet som Buddhas ord blir begripliga. För den som blivit *arahant* är allting kristallklart, genom erfarenhet.

Satipaṭṭhānabhāvanānisaṃso – resultat av meditationspraktiken

Den som praktiserar på det här sättet uppnår ett av två stadier:

diṭṭheva dhamme aññā, sati vā upādisese anāgāmitā.

Antingen uppnås *diṭṭheva dhamme aññā* – fullständig förståelse, som hos en *arahant* – eller det tredje stadiet av *anāgāmī*, stadiet precis före *arahant*, och något av dessa kommer att uppnås inom sju år.

Någon som har praktiserat i mer än sju år frågar varför han eller hon fortfarande inte har blivit en *arahant*. Det som krävs är dock *evaṃ bhāveya*, att man har praktiserat precis som det har förklarats. Det är *sampajaññaṃ na riñcati*, där *sampajaññaṃ* inte tappas bort ens för ett ögonblick. Nu förbereder du dig för det stadiet, genom att öva på att känna förnimmelser på den fysiska nivån oavsett vad du gör, och genom att förstå uppkomst och försvinnande. Om du kan praktisera på det sättet garanterar Buddha resultaten.

Vidare säger Buddha att man inte ska fästa något avseende vid sju år, sex år, fem, fyra eller ens ett år, och sen ner till sju månader, sex och ner till en månad. Till och med en halv månad, till och med sju dagar kan vara tillräckligt. Det skiljer sig åt, beroende på betingning från det förflutna, även om *sampajañña* praktiseras varje ögonblick. Det kan ta sju år, men det finns även exempel på personer som uppnått *nibbāna* på bara några få minuter, som den person som kom från Mumbai och bara fick lära sig orden *diṭṭhe diṭṭhamattaṃ bhavissati.*

En del meditatörer börjar med att gå eller genom att mentalt upprepa "gå", "klia" eller vad det nu är. Det finns ingen *paññā,* men praktiken koncentrerar åtminstone sinnet. De som har ett starkt begär efter sex går till en likplats, eller nuförtiden för att delta vid en obduktion, för att till någon grad balansera sinnet. Vilket utgångsläget än är måste du som meditatör hela tiden uppleva att kroppsförnimmelser uppstår och försvinner. Vid det här laget kanske din *sampajañña* bara varar i några korta sekunder, och glöms sen bort i flera minuter, eller till och med timmar. När du fortsätter arbeta kommer du med tiden bara att glömma *sampajañña* korta stunder, och så småningom inte ens för ett ögonblick. Det kan dröja länge innan du når det stadiet, men efter det tar det inte mer än sju år.

Därefter kommer de avslutande orden:

> *'Ekāyano ayaṃ, bhikkhave, maggo sattānaṃ visuddhiyā, sokaparidevānaṃ samatikkamāya, dukkhadomanassānaṃ atthaṅgamāya, ñāyassa adhigamāya, nibbānassa sacchikiriyāya yadidaṃ cattāro satipaṭṭhānā' ti. Iti yaṃ taṃ vuttaṃ, idametaṃ paṭicca vuttaṃ ti.*

"Därför har det sagts: 'Detta, munkar, är det enda sättet för varelser att rena sig, att övervinna sorg och klagan, att utsläcka lidande och förtvivlan, att gå sanningens väg, att nå *nibbāna*: det vill säga de fyra sätten att bli förankrad i medvetenhet.'"

Ekāyano maggo är inte något sekteristiskt påstående, utan en naturlag. Vägen hjälper inte bara de som kallar sig för buddhister eller de som har en stark trosföreställning: den kan upplevas av alla och envar, genom att vara uppmärksam på kroppsförnimmelser och därigenom gå bortom dem. Oavsett om det finns någon buddha så finns den universella lagen. Jorden är rund, gravitation finns, relativitetslagen existerar oavsett om Galileo, Newton eller Einstein upptäcker dem. På samma sätt är det en lag att lidande uppstår och försvinner. Precis som två delar väte och en del syre bildar vatten, så uppstår lidande när okunnighet leder till en reaktion av begär eller motvilja. Detta är inte en hinduisk, buddhistisk eller kristen lag, utan bara naturlag. På samma sätt leder full medvetenhet och *sampajañña,* insikt om hela sanningen, till befrielse. Intellektuell förståelse kan bara ge inspiration och guidning. Utan ens detta kan de som har ett annat synsätt inte utforska och uppleva sanningen. Någon kan hävda att jorden är platt, eller att gravitation inte existerar, men det förändrar ingenting för dem.

Eld bränner din hand. Det är en sanning som kan upplevas. För att undvika det håller du din hand borta från elden. På precis samma sätt leder det till lidande om du reagerar på kroppsförnimmelser. Om du slutar reagera och bara observerar att de uppstår och försvinner så kommer din praktik av naturen att utrota lidande – begärets och motviljans eld – precis som vatten utrotar eld. Detta är *ekāyano maggo* – lagen, sanningen eller naturen för alla och envar.

Frågor och svar

Varje ord i denna *sutta* kommer att bli tydligt för dig när du praktiserar och når slutmålet. På det här stadiet dyker många frågor upp. Även om lärarens svar ger dig intellektuell tillfredsställelse kan det komma tvivel som sköljer bort den. Du föreställer dig bara, du upplever inte. Praktisera. På varje kurs, när du fortsätter uppleva Dhamma, hör du samma föredrag, samma ord, men ändå hittar du något nytt varje gång. Verklig förståelse, tydlig och fri från tvivel eller skepticism, kommer med din egen erfarenhet.

F: Du nämnde att lägga märke till olika mentala tillstånd som uppstår. Hur ska man hantera till exempel ilska eller fantasier?

S: Att lägga märke till ilska, rädsla, åtrå, ego eller någon annan typ av orenhet betyder inte att mentalt recitera dem. Att lägga märke till dem kan hjälpa dig att koncentrera dig och att förstå, på något plan, men *sampajañña* saknas. Acceptera bara det mentala innehållet, att det finns till exempel ilska i sinnet – *sadosaṃ vā cittaṃ pajānāti* – och observera de dominerande kroppsförnimmelserna, med förståelse av att de uppstår och försvinner. Varje förnimmelse på kroppen kommer vid den tidpunkten hänga samman med ilskan.

F: Vad uppstår *kalāpa* ur och vad övergår de till? Något kan inte uppstå ur ingenting.

S: När började universum, och hur skapades det? Det är spekulation, det är så här som alla filosofier börjar. Buddha kallade dessa frågor irrelevanta. De har ingenting att göra med lidande, dess utsläckande och vägen till att utsläcka det. Skapandet pågår varje ögonblick: *kalāpa* skapas, de uppstår och försvinner, och okunskap om detta leder till lidande. Allt annat är meningslöst. Ett människoliv är kort och du har ett stort jobb i att förändra sinnets vanemönster på den djupaste nivån och uppnå full befrielse. Slösa inte bort din tid: arbeta, och förr eller senare kommer din egen erfarenhet att göra verkligheten uppenbar.

F: Vad är orsaken till att denna värld av sinne och materia existerar?

S: Okunnighet skapar *saṅkhāra*, och *saṅkhāra* mångfaldigar okunnighet. Dessa två stöder varandra och hela universum är skapat av dem.

F: Hur uppstod okunnighet? Den kan inte samexistera med kärlek, visdom och kunskap.

S: Sannerligen inte. Men det är viktigare att se den okunskap som finns i detta ögonblick och låta renhet uppstå. Annars blir det en filosofisk fråga, och det hjälper inte.

F: Undervisade Buddha utanför Indien, i Myanmar?

S: Det finns inget belägg för att han undervisade utanför Ganga-Jamunaområdet i norra Indien.

F: Med all respekt, hur kan vi säga att Buddha upptäckte en försvunnen teknik när han fick lära sig den och avlade ett löfte till en tidigare Buddha?

S: Många som träffar en Buddha blir inspirerade och önskar inte bara att befria sig själva utan också att bli en *Sammā-sambuddha* och hjälpa många andra att bli befriade. När de utrycker den önskan kan deras mentala kapacitet granskas av den som då är en *Sammā-sambuddha*: dels om de redan har arbetat i oräkneliga tidsåldrar och att de nu, om de fick Vipassana, väldigt snart skulle bli en *arahant*, och dels om de, trots att de vet detta, fortfarande önskar utveckla sina *pāramī* tillräckligt mycket, över ytterligare oräkneliga tidsåldrar. I så fall får de inte bara en välsignelse utan också en förutsägelse av hur lång tid det kommer att ta. Asketen, som senare föddes som Gotama, hade möjlighet att bli *arahant* då, men tog inte emot Vipassana.

I hans sista liv, när mörker rådde överallt, lovordades fortfarande Vipassana i de urgamla *Rg-Veda*-skrifterna, men det var bara ord, recitationer. Meditationspraktiken saknades. Tack vare hans *pāramī* från det förgångna gick han till djupet och återupptäckte tekniken. Han sa *pubbe ananussutesu dhammesu cakkhuṃ udapādi*: "I denna sanning, i denna lag som jag aldrig hört förut, har mina ögon öppnats." Senare kallade han det för *purāṇo maggo*, en urgammal väg. Han återupptäckte och spred en vilande, bortglömd väg.

F: Har någon med *saṅkhāra* som orsakar återfödelse något val när det gäller hur återfödelsen sker, eller är det förutbestämt av tidigare *saṅkhāra?*

S: Gamla *saṅkhāra* som ger upphov till nytt liv i de lägre existensplanen är så starka att när man dör så dyker någon av dem upp och skapar en vibration som knyter an till vibrationerna från ett visst existensplan. På det sättet dras du ner till djupare nivåer av lidande. Om däremot Vipassana har praktiserats på rätt sätt, så är vibrationen av Vipassana så stark att den vid sinnets sista ögonblick dyker upp och knyter an till ett plan där Vipassana kan praktiseras, även om sådana gamla *saṅkhāra* finns. Så på sätt och vis kan du välja att inte dras ner.

F: Om "jaget" inte finns, om det är en illusion, hur kan "jag" då återfödas?

S: Ingenting reinkarneras. Det är ett flöde av sinne och materia som fortsätter: i varje ögonblick *saṅkhāra-paccayā viññāṇaṃ*. Vid dödsögonblicket leder en djup *saṅkhāra* till att *viññāṇa* uppstår i en annan kropp.

F: Om belöningen för *nibbāna* är kroppens död, varför då praktisera för att dö?

S: Det är inte förintelse, utan den underbara konsten att dö. Det är också konsten att leva, att bli fri från orenheter och att leva ett hälsosamt liv. När du upplever *nibbāna* så är det lite som att dö: sinnesorganen fungerar inte längre, men du är fullt medveten inom dig. Upplev det. Då kommer du automatiskt att få svar på din fråga.

F: Var lever en person som blivit befriad och inte återföds igen?

S: Många sådana frågor ställdes till Buddha. Det som händer en *arahant* efter döden är det som en *arahant* upplever i livet. När någon upplever det fjärde stadiet av *nibbāna* förstår denne att det här är det högsta stadiet, vilket också inträffar efter döden. Det kan inte förklaras i ord för det är bortom sinne och materia. Något som är bortom sinnesorganen kan inte uttryckas med sinnesorganen. En fjärde dimension kan inte förklaras inom ramarna för tre dimensioner. Beviset på kakan får du när du äter den.

F: Kan en upplyst person som är gift fortfarande få barn?

S: I takt med att du fortsätter på vägen blir åtrån naturligt svagare och svagare, och ändå känner du dig så nöjd och glad. Varför oroa sig? Uppnå det stadiet så får frågan sitt svar.

F: Finns det en ordning som är att föredra vad det gäller de tio *pāramī?*

S: Det viktiga är att utveckla dem, ordningen spelar ingen roll.

F: Eftersom Vipassanapraktiken är väl utbredd, finns det *sotāpannor, ānāgāmīer* och *arahanter* i dag?

S: Antalet meditatörer i dag är bara en droppe i havet av miljarder människor, och de flesta befinner sig på förskolestadiet. Det finns fall där människor har upplevt *nibbāna,* men de är inte många.

F: Jag vill inte förarga någon, men är du, Goenka, fullt upplyst?

S: Jag är inte en *arahant,* men jag befinner mig utan tvivel på vägen till att bli en. Jag har tagit lite fler steg på vägen än alla ni har gjort, och därför är jag kompetent att undervisa er. Gå vägen och nå målet, det är viktigare än att skärskåda er lärare!

F: Vem var Ledi Sayadaws lärare? Du nämner ofta traditionen där *vedanā* är av grundläggande betydelse, vad heter den traditionen?

S: Det finns inga källor bevarade, men Ledi Sayadaw uppgav att han lärde sig den här tekniken av en munk i Mandalay. Traditionen fanns även före Ledi Sayadaw. Av hans många elever var de några som började undervisa, och som också lade stor vikt vid *vedanā.* Saya Thet lärde Sayagyi U Ba Khin, bland andra lärare, och Sayagyi U Ba Khin hade ett antal elever som började undervisa. En sitter här och han lägger vikt vid *vedanā.* Den här traditionen lägger vikt vid *vedanā.*

F: Om recitation ...

S: Att recitera är en av lärarens uppgifter, för att skapa goda vibrationer, för att skydda elevernas arbete från dåliga vibrationer från utsidan. Elevernas arbete är att praktisera och observera, och det är därför de ombeds att inte recitera. På en viss nivå lärs en del att göra det: mellan varje ord är du medveten om kroppsförnimmelser med *anicca,* med *sampajañña,* väldigt tydligt i varje paus. Detta, inte bara att recitera, ger Dhammavibrationer. Det blir en del av den ständigt pågående meditationen, med medvetenhet om *sampajañña.* Att bara recitera, som kan tyckas enkelt, är bara en rit, ritual eller en religiös ceremoni.

F: Vilken del av en varelse kan ge eller ta emot *mettā*, om inte egot?

S: Vipassana tar dig till den yttersta sanningen, men Buddha ville att du skulle vara medveten om både den och den skenbara sanningen. Både den här väggen och mitt huvud är när allt kommer omkring vibrationer, men de framstår som solida. Väggen skulle fortfarande slå sönder mitt huvud om de kolliderade! Ytterst finns det ingen varelse, men du släpper fortfarande taget om ogynnsamma handlingar – motvilja, hat, illvilja och fientlighet – för att de skadar dig. Att utveckla *mettā* – kärlek, medkänsla och välvilja – förbättrar sinnet och hjälper dig att nå slutmålet.

F: Det tycks som att din tolkning av texten inte är så ordagrann som den skulle kunna vara. Hur vet du att din tolkning är den rätta; att den är vad Buddha avsåg?

S: Språket är 2 500 år gammalt, och betydelser förändras. Även om de inte gör det, kan det Buddha sade med den erfarenhet han hade inte förstås utan den erfarenheten. Många av de som översätter har aldrig praktiserat själva. Vi är inte här för att döma ut andra tolkningar av Buddhas ord. När du praktiserar kommer du att förstå vad Buddha menade, fram till dess måste du acceptera vad det än är du upplever.

Vissa kommentarer till Buddhas ord skrevs över 1 000 år efter hans död, trots att vår forskning visar att Vipassana i sin rena form försvann redan 500 år efter hans död. Andra skrevs mindre än 500 år efter hans död, men försvann, förutom på Sri Lanka. De översattes tillbaka till pāli, men med översättarens egen tolkning. De ger en tydlig bild av det indiska samhället på Buddhas tid: socialt, politiskt, utbildningsmässigt, religiöst och filosofiskt – hela spektrumet. I kommentarerna ges ofta många synonymer för att reda ut oklara ord. Men även om kommentarerna är till hjälp, kan det hända att deras ord inte stämmer överens med vår erfarenhet. Skulle vi då finna en tydlig, direkt förklaring i Buddhas ord, då bör vi acceptera Buddhas förklaring av vår erfarenhet, utan att fördöma kommentarerna.

Till exempel finns det en tradition som ser *vedanā* som en enbart mental process. Det är sant att *vedanā* är en mental process, och att *vedanānupassanā* måste vara mentalt. Men på flera ställen talar Buddha om *sukha* och *dukkha vedanā* på kroppen, som i *Satipaṭṭhāna sutta,* medan *somanassa* och *domanassa vedanā* används för sinnet.

Ordet *sampajañña* har ibland översatts till engelska som 'klar uppfattning' (clear comprehension), något som har lett till stor förvirring. Det antyder *sati* utan *sampajāñña,* utan förståelse med fullständig *paññā.* Med Buddhas ord: *viditā vedanā uppajjati,* du känner att en kroppsförnimmelse dyker upp. Endast medvetenhet är bra som en början, till exempel att det kliar upplevs och benämns, utan förståelse av *anicca,* men detta är inte *sampajāñña.*

På samma sätt har *sati parimukhaṃ* översatts med "rikta uppmärksamheten framför." Folk börjar rikta uppmärksamheten framför, utanför kroppen, och *kāye kāyānupassī, vedanāsu vedanānupassī* – i kroppen, i förnimmelserna – går förlorat. När vår erfarenhet inte stämmer överens med den uppfattning som finns i andra traditioner, tar vi tillflykt till Buddhas ord.

Det var därför som Vipassana Research Institute startades, för att gå igenom alla Buddhas ord med hjälp av datorer – det är en enorm textmassa. I stället för att minnas varje gång han nämner till exempel *vedanā* eller *sampajāno* – på 300, 400 olika sidor i 40, 50 skrifter – används datorer för att hitta ett specifikt ord och undersöka hur det används. Om olika uppfattningar uppstår så kan det inte hjälpas; vi insisterar inte heller på *idaṃ saccaṃ,* "det här är den enda sanningen." Vi håller inte krampaktigt fast vid en viss tolkning. Jag grundar min förståelse på min egen erfarenhet av Buddhas ord, och från alla lärare i den här traditionen, och bland dem finns det personer som nått väldigt höga stadier. Deras upplevelse var densamma. På samma sätt har tusentals meditatörer runt om i världen haft samma upplevelse. Därför känner jag mig säker på att detta är Buddhas rätta lära. Om du har några tvivel: praktisera. Enbart din praktik kan undanröja tvivlen. Om den här tekniken inte passar dig på en intellektuell nivå så arbeta med någonting annat, men håll inte på och blanda tekniker, spring inte hit och dit. Om den här tekniken ger resultat, gå djupare, så besvaras alla dina frågor. Även om du bara har lärt dig lite pāli så kommer Buddhas ord att bli tydliga med tiden. Du känner att han vägleder dig. Erfarenhet kommer att göra orden klara och tydliga, inte onödig intellektuell aktivitet, eller argumentation och debatter.

Du har kommit till en *Satipatthāna*kurs för att få egen erfarenhet, inte bara för att höra Buddhas ord eller en viss lärares tolkning. Du har redan gått tre eller fler kurser innan du kom hit, fortsätt nu att gå djupare så kommer Buddhas ord att bli tydliga genom erfarenhet. Gör dig fri från alla dessa *saṅkhāra* och börja uppleva full befrielse. Må ni alla nå slutmålet, fullständig *nibbāna.*

Du tar rätt steg på rätt väg, det spelar ingen roll att den är lång. Ta det första, det andra och på det viset kommer du steg för steg att nå slutmålet. Må ni alla njuta befrielsens sanna frid och sanna lycka.

Må alla varelser vara lyckliga.

Ordlista

A

abhijjhā	begär
abhinandati	glädja sig åt, finna njutning i
ābhujitvā	att sitta med korslagda (ben)
abyāpāda	utan hat, utan motvilja
adhiṭṭhāna	fast beslutsamhet
adhigama	något som har uppnåtts
adho	nedanför
ādīnava	fara, nackdel
adukkhamasukha	varken behaglig eller obehaglig, neutral
ajjhatta	inuti
ajjhattika	något som uppstår från insidan
akusala	ogynnsam, felaktig, opassande
anāgāmī	en som inte återvänder (en *ariyas* tredje steg)
anālaya	obundenhet [motsats till *ālaya*: hemvist, fastklängande]
anāsava	en som är fri från *āsava,* dvs. en *arahant*
anatīta	oundviklig
anissita	utan stöd, obunden, fri [motsats till *nissita*: hålla fast vid, vara beroende av]
aññā	kunskap, insikt, igenkännande, full förståelse
anumāna	slutsats
anuppādo	att inte uppstå
anuppanna	som inte har uppstått [motsats till *uppanna*]
āpo	vatten
ārabhati	börja, starta, åta sig, försöka
arahant	en fullt befriad människa
ariya	ädel
asāta	oangenäm

asammosa	avsaknad av förvirring
āsava	berusande utsöndring, mental berusning
asesa	fullständigt, totalt, utan rest
assasati	att andas in
assutavā	att inte ha hört, okunnig
asuci	oren
ātāpī	ivrig
aṭṭhaṅgika	åttafaldig
attā	(ens) jag, själv
attano	dig själv, en själv (genitiv och dativ av *atta,* själv)
atthaṅgama	utplåning, försvinnande
avihiṃsa	utan våld, utan grymhet
ayaṃ	detta
āyatana	sinnessfär, sinnesport, sinnesobjekt
āyatiṃ	i framtiden [adverb]

B

bāhira	yttre, extern
bahiddhā	utanför
bala	styrka
bhāvī	[från *bhava*: tillblivelse]
bhāvanā	utveckla, producera, att förfina sinnet, att mentalt fokusera på något
bhāvanā-mayā	utvecklat genom praktik
bhāvetabba	bör utvecklas
bhūta	bli [perfekt particip av *bhavati*]
bhaṅga	fullständig upplösning
bhagavā	lyckosam, ansedd, storslagen (därav ”Herre”)
bheda	bryta upp, åtskiljande
bhikkhave	O *bhikkhus* [vokal plural av *bhikkhu*]
bhikkhu	meditatör, munk
bhiyyobhāva	bli mer
bojjhaṅga	upplysningsfaktor [ordagrant *bodhi-anga*: upplysningens lemmar]

byādhi	sjukdom
byāpāda	motvilja, illvilja

C

ca	och
cāga	att överge, sluta med, försaka
cakkhu	öga
cattāro	fyra
cetasika	mental, mentalt innehåll, det som uppstår i sinnet, tillhör *cetas*
cha	siffran sex
chanda	impuls, intention, resolution, vilja
cintā-mayā	som består av intellektuell förståelse
cittānupassī	att utan avbrott iaktta sinnet
cittānupassana	att iaktta sinnet
citta	sinne
citte	i sinnet [lokativ av *citta*]

D

dhāreti	att innehålla, rymma, hålla. äga
dhātu	element [ablativ *dhātuso*: enligt sin natur]
dhammānupassī	att utan avbrott iaktta det som uppstår i sinnet (sin-nets innehåll)
dhammānupassana	att iaktta det som uppstår i sinnet (sinnets innehåll)
dhammesu	i sinnets innehåll [lokativ av *dhammā*]
dhañña	spannmål, sädeskorn
dhunamāna	[presens particip *dhunati*: att skaka av sig, avlägsna, förstöra]
dīgha	lång, djup
diṭṭha	sett
domanassa	obehaglig mental känsla, sorg, motvilja
dosa hat, motvilja	

E

ekāyana	den enda vägen, den direkta vägen
ettha	här, på denna plats, på detta sätt
evaṃ	således, såhär

G

gandha	lukt
gāthā	vers
ghāna	näsa
gotrabhū	”som blivit en del av raden” (av upplysta)

H

hoti	är

I

icchā	önskan, längtan, begär
idha	här, nu, med anknytning till detta
imasmiṃ	i detta, med referens till detta
indriya	förmåga, funktion [beträffande urskiljning], styrande princip, kraft
iriyāpatha	ställning [dvs. kroppsställning]

J

jānāti	vet
janati	att föra fram, producera [kausativ av *janati*: att födas]
jāti	född, tillbliven [perfekt particip av *janati*]
jhāna	mental absorption, försjunkenhet
jivhā	tunga
jīvita	livstid, leva, uppehälle

K

kalāpa	grupp, samling, grupp av egenskaper
kāma	njutning, sinnligt begär
kāmacchanda	sinnligt begär, sinnlig njutning, upphetsning kata gjord, skapad

kathaṃ	hur?
kattha	var? vart? varthän?
kaya	kropp
kāyānupassī	att utan avbrott iaktta kroppen
kāyānupassanā	att iaktta kroppen
kāya-saṅkhāra	kroppens aktivitet
kāyasmiṃ	i kroppen [lokativ av *kāya*]
kāye	i kroppen [lokativ av *kāya*]
kesa	hår på huvudet
kevala	enbart, hel, fullständig
kevalaparipuṇṇa	fullständig och perfekt
kevalaparisuddha	fullständig och ren
khandha	massa, samling, hop, aggregering
kiñci	vad som helst
kukkucca	ånger, skrupler, oro
kusala	god, rätt, gynnsam

L

labhati	att få, ta emot, uppnå, anskaffa
lakkhaṇa	egenskap, kännetecken
loka	existensplan, fenomenet av kropp och sinne

M

magga	väg, stig
mahā	stor, viktig
mahaggata	förstorad, bli stor, upphöjd
mano	sinne
manasikāra	reflektera på, kontemplera
matta	uppmätt, så mycket som, blott, endast
matthaka	huvud
me	av mig
micchā	fel
middha	sömnighet, slöhet
moha	okunnighet, förvirring
mukha	mun, öppning, ingång
musā	falskt, felaktigt
mutti	frigörelse, frihet, befrielse

N

na	inte
nāma	sinne
nandi	njutning, behag
ñāṇa	kunskap
nānappakkāra	diverse, mångfaldig
nātha	tillflykt, hjälp, beskyddare
natthi	är inte [*na atthi*]
nava	nio
ñāya	sanning, system, rätt uppträdande
nirāmisa	ren, utan fastklängande [motsats *sāmisa*]
nirodha	utplånande, upphörande
nirujjhati	är utplånad, upphör
nisīdati	att sitta, sätta sig
nisinno	placerad, ha satt sig ner
nīvaraṇa	hinder, gardin
nivisati	att gå in i, stanna vid, ta till, bli förankrad i

O

okkhitta	riktade nedåt

P

paccakkha	uppenbar, klar, närvarande
paccattaṃ	separat, individuellt
paccavekkhati	begrunda, kontemplera, överväga
paccaya	orsak, förutsättning, grund
paccupaṭṭhita	bli förankrad
padahati	sträva, utöva
pādatala	fotsula
paggaṇhāti	att tillämpa, utöva, att fokusera (sinnet) energiskt
pahāna	att avstå från, överge [av *pajahati*, passivform *pahīyati*]
pajānati	kommer till insikt, förstår korrekt,

	förstår med visdom
pakāra	sätt, stil
pallaṅka	att sitta med korslagda ben
pana	igen, vidare
pāṇātipāta	att döda, mörda, förgöra liv
pañca	fem
pañcupādānakkhandhā	fem grupper (ansamlingar) av fastklängande
paññatti	begrepp, yttring
paṇḍita	vis människa
paṇihitaṃ	tillämpad, benägen [perfekt particip av *paṇidahati*]
pāpa	ond
pāpaka	dålig
pāramī	fulländning
pāripūrī	fullbordande, färdigställande
pārisuddhi	renhet
parāmāsa	fastklängande, bundenhet
paraṃ	vidare
parideva	gråt, jämmer
parijānāti	förstår helt och fullt
parimukha	runt munnen
pariññāta	förstått i alla delar
paripāka	mogenhet, förruttnelse
pariyanta	avgränsad av, begränsad av, omgiven
pariyatti	teoretisk kunskap
passaddhi	sinneslugn, stillhet
passambhaya	lugnande, stillande
passasati	att andas ut [första person: *passasāmī;* första person futurum: *passasissāmī*]
passati	ser
passeyya	kommer att se, skulle se [optativ, av *passati*: att se]
paṭhavī	jord
paṭṭhāna	djupt förankrad (i visdom)
paṭicca	på grund av, beroende av

paṭikūla	avskyvärd
paṭinissagga	att avsäga sig, försaka, förkasta, försakelse
paṭipadā	väg, stig, sätt att nå en destination
paṭipatti	praktik, övning
paṭisaṃvedī	upplever, känner
paṭissati	medvetenhet
paṭivedha	genomträngande, djupgående kunskap,insikt
pattabba	att uppnås, uppnådd
phala	frukt
phassa	kontakt
phoṭṭhabba	beröring
pisuṇa	förtal, elak, baktalande
pīti	hänförelse, lycksalighet
piya	kär, älskad, behaglig, angenäm [motsats *appiya*]
ponobbhavikā	som leder till återfödelse
puna	igen
pūra	full av

R

rāga	begär, åtrå
rajo	damm, smuts, orenhet
rasa	smak
rassa	kort, grund, ytlig
riñcati	överge, försumma, missa
rūpa	materia

S

sabba	alla, varje
sabhāva	natur, benägenhet, sanning
sacca	sanning, verklig
sacchikātabba	att upplevas, förverkligas
sacchikata	bevittnad, förverkligad, självupplevd [perfekt particip av *sacchikaroti*]
sacchikiriyā	upplever, inser, förverkligar

sadda	ljud, ord
saddhā	tillit, hängivenhet, förtroende
saddhiṃ	tillsammans
sadosa	med motvilja [motsats *vītadosa*]
sakadāgāmī	en som återvänder en gång (en *ariyas* andra steg)
saḷāyatana	sex sinnessfärer, både inre (sinnesorganen) och yttre (sinnesobjekten)
samādhija	uppstår ur koncentration
samāhita	samlad, stilla, uppmärksam
samatikkama	gå bortom, övervinna, transcendera
samaya	tid
samudaya	uppstå
sāmisa	oren, köttslig, med fastklängande [motsats *nirāmisa*]
saṅkhitta	samlad, uppmärksam [motsats *vikkhitta*: splittrad, utspridd]
sammā	rätt, korrekt, fullständig
samoha	med villfarelse [motsats *vītamoha*]
sampajāna	med *sampajañña*
sampajañña	oavbruten och fullständig förståelse av föränderlighet (obeständighet)
sampajānakārī	att praktisera *sampajañña* (*kāri*: att göra)
sampasādana	frid, stillhet
sampayoga	förening, union
samphappalāpa	lättsinnigt, tramsigt prat
samphassa	kontakt
samphassaja	uppstår ur kontakt
samudaya	uppstår
samudayasacca	sanningen om uppkomst
saṃyojana	bindning, fångenskap, börda
sañcetanā	tanke, kognition, intention, reaktion
saṅkhāra	reaktion, mental gestaltning, viljestyrd aktivitet, mental betingning

saṅkhittena	i korthet, koncist
saññā	urskiljning, igenkännande, perception
santa	är [presens particip av *atthi*] [motsats *asanta*: är inte]
sarāga	med begär [motsats *vītarāga*]
sāta	behaglig, angenäm [motsats *asāta*]
sati	medvetenhet, uppmärksamhet, sinnesnärvaro
satimā	med medvetenhet
satipaṭṭhāna	att etablera medvetenhet, bli förankrad i medvetenhet
sato	medveten
satta	individ, levande kännande varelse
satta	sju
sauttara	överträffad, underlägsen [motsats *anuttara*: "finns inget högre"]
sāvaka	den som lyssnar, lärjunge
sikkhati	lär, övar sig
soka	kraftig sorg, bedrövelse
somanassa	behaglig mental känsla, lycka
sotāpanna	en som har gått ned i strömmen (en *ariyas* första steg)
sota	ström
sota	öra
sukha	behaglig, lycklig
supaṭipanna	att ha praktiserat väl
suta	hörde
sutavā	att ha hört
sutta	föredrag [ordagrant: tråd]

T

taca	hud
taṇhā	begär, törst, hunger, upphetsning, feber
tato	från detta, i detta
tatratatrābhinandinī	finner njutning här, där och överallt
tejo	eld

tesaṃ	deras
ṭhāna	etablerad, förankrad, tillstånd, skick
ṭhita	upprätt, fast, rak, stå [perfekt particip av *tiṭṭhati*: stå]
thina	stelhet, mental bristfällighet, tröghet
ṭhiti	stabilitet, varaktighet, orörlighet, framhärdande
ti	[anger slutet på ett citat]
tipiṭaka	lärans tre delar

U

ubhaya	båda, dubbel
uddhaṃ	ovanför
uddhacca	upphetsning, uppjagad, distraktion, uppståndelse,
uju	rak, fast
upādāna	fastklängande, fastklamrande, stöd, bundenhet
upādānakkhandha	(den mentala gruppen) fastklängande
upādi	materiellt bestämd [se *upādāna*], grund för varande
upādiyati	att ta tag i, hålla fast vid, klänga vid
upaṭṭhapetvā	att ha etablerat, att ha orsakat att något förekommer [gerundivum kausativ av *upaṭṭhahati*: att stå nära]
upasaṃharati	att koncentrera, samla, reflektera över
upasampajja	har uppnått, gått in i, anskaffat [gerundivum av *upasampajjati*]
upāyāsa	besvär, prövning, störning, obehag
upekkhā	sinnesjämvikt, mental balans
upekkhako	med sinnesjämvikt, balanserad
uppāda	att börja existera, uppkomst, födelse, uppstående
uppajjamāna	uppstår [presens particip av *uppajjati*]
uppajjati	att uppstå, produceras, födas, att börja existera

uppajjitvā	har uppstått
uppanna	född, återfödd, uppkommen, producerad [perfekt particip av *uppajjati*]
uppanna	har uppstått [perfekt particip av *uppajjati*]

V

vā	eller
vāca	tal
vata	löfte, religiöst åtagande
vaya	att försvinna, passera
vāyāma	strävan, ansträngning
vāyamati	att sträva, att anstränga sig
vāyo	luft, vind
vedagu	någon som har den högsta kunskapen/insikten
vedanānupassī	att utan avbrott iaktta kroppsförnimmelser
vedanānupassanā	att iaktta kroppsförnimmelser
vedanāsu	i kroppsförnimmelserna [lokativ av *vedanā*]
vedayati	att känna, uppleva en kroppsförnimmelse eller känsla (i regel med *vedanā*)
veditabba	att upplevas, förstås, förnimmas [passiv futurum particip av *vedeti*]
vepulla	fullständig utveckling, överflöd
veramaṇī	att avstå från
vibhava	icke-existens, upphörande av liv, utplåning
vicāra	fortsatt mental fokusering, fortsatt mental aktivitet
vicaya	undersökande
vicikicchā	tvivel, osäkerhet
vihārin	att bo, att leva, att vara på ett visst sätt

viharati	lever, bor, vistas [ordagrant: tar ut (orenheterna)]
vikkhittaka	splittrad, tudelad
vimutta	befriad, frisläppt [motsats *a-vimutta*: inte befriad]
vinīlaka	blåsvart, missfärgad
vinaya	disciplin, föreskrifter [för munkar]
vineyya	hålla sig borta från, obunden [från *vineti*: att avlägsna, sluta med, instruera, öva sig]
viññāṇa	medvetande
vippayoga	separation
virāga	frånvaro av begär [*rāga*], avsky, utsläckande av åtrå, avtagande, renande, befrielse
viriya	strävan, ansträngning
visesa	kännetecken, utmärkande egenskap, märke
visuddhi	renhet, ljus
vitakka	inledande fokusering av sinnet, tänkande
viveka	separation, avskildhet, urskiljande
vivicca	har avskilts eller isolerats från
vuccati	kallas
vūpasama	lugnande

Y

yathā	som, hur
yathābhūtaṃ	som det är
yāvadeva	så långt som, så länge som

Några avsnitt på pāli som citeras i föredragen

Paññatti ṭhapetvā visesena passati'ti vipassanā.

Att gå bortom den skenbara verkligheten och iaktta verkligheten i dess sanna natur, detta är *Vipassanā*.

—Ledi Sayadaw, Paramattha Dīpanī

Vedanā-samosaraṇā sabbe dhammā.

Allt som uppstår i sinnet börjar flöda med en förnimmelse på kroppen.

—Mūlaka-sutta, Aṅguttara-nikāya, III,158

Diṭṭe diṭṭhamattaṃ bhavissati, sute sutamattaṃ bhavissati, mute mutamattaṃ bhavissati, viññate viññātamattaṃ bhavissati.

När du ser, bara se; när du hör, bara hör;
när du luktar, smakar eller berör, bara lukta, smaka eller berör; när du tänker, bara tänk.

—Mālukyaputta-sutta, Saṃyutta-nikāya,
Salāyatana-vagga 2, 77

Seyyathāpi, bhikkhave, ākāse vividhā vātā vāyanti. purathima pi vātā vāyanti, pacchimā pi vātā vāyanti, uttarā pi vātā vāyanti, dakkhiṇa pi vātā vāyanti, sarajā pi vātā vāyanti, arajā pi vātā vāyanti, sītā pi vātā vāyanti, uṇhā pi vātā vāyanti, parittā pi vātā vāyanti, adhimattā pi vātā vāyanti. Evameva kho, bhikkhave, imasmiṃ kāyasmiṃ vividhā vedanā uppajjanti, sukhā pi vedanā uppajjanti, dukkhā pi vedanā uppajjanti, adukkhamasukhā pi vedanā uppajjantī ti ...

Yato ca bhikkhu ātāpī sampajaññaṃ na riñcati, tato so vedanā sabbā parijānāti paṇḍito;
So vedanā pariññāya diṭṭhe dhamme anāsavo,
kāyassa bhedā Dhammaṭṭho, saṅkhyaṃ nopeti vedagū.

Det blåser olika vindar under himlen, från öster och väster, från norr och söder, fulla av damm eller fria från damm, varma eller kalla, rasande stormar eller milda fläktar - det blåser många vindar.

På samma sätt uppstår i kroppen olika förnimmelser - behagliga, obehagliga eller neutrala.

När en meditatör övar energiskt och inte försummar sin förmåga till klar insikt (*sampajañña*), då kan en sådan vis människa förstå dessa förnimmelser fullständigt.

När han fullständigt förstått dem, blir han fri från all orenhet redan i detta liv.

Fast förankrad i Dhamma och med fullständig förståelse av kroppsförnimmelser, når en sådan människa vid livets slut det obeskrivliga tillstånd som är bortom den betingade världen.

—Paṭhama-ākāsa-sutta, Saṃyutta-nikāya,
Salāyatana-vagga 2, 212

Sabba kamma jahassa bhikkhuno, dhunamānassa pure kataṃ rajaṃ; amamassa ṭhitassa tādino,
attho natthi janaṃ lapetave.

Den munk som inte skapar ny *kamma*,
och kardar bort gamla föroreningar så snart de uppstår;

har nått det meditativa tillstånd där det inte finns något "jag" eller "mitt".

För en sådan människa är pladder meningslöst. Han söker sig till djup meditation i tystnad.

—Khuddaka-nikaya,Udāna 3.1, 91-92

Aniccā vata saṅkhāra, uppādavaya-dhammino;
uppajjitvā nirujjhanti, tesaṃ vūpasamo sukho.

Alla mentala reaktioner är i sanning obeständiga, deras natur är att uppstå och försvinna.

När det som uppstått släcks ut, återstår sann lycka.

—Mahāparinibbāna-sutta,
Digha-nikaya 2.3, 221

Paṭicca-samuppāda Anuloma:

Avijjā-paccayā saṅkhārā; saṅkhāra-paccayā viññāṇaṃ; viññāṇa-paccayā nāma-rūpaṃ; nāma-rūpa-paccayā saḷāyatanaṃ; saḷāyatana-paccayā phasso; phassa-paccayā vedanā;

vedanā-paccayā taṇhā; taṇhā-paccayā upādānaṃ; upādāna-paccayā bhavo; bhava-paccayā jāti;

jāti-paccayā jarā-maraṇaṃ-soka-parideva-dukkhadomanassupāyāsā sambhavanti.

Evame-tassa kevalassa dukkhakkhandhassa samudayo hoti.

Kedjan av betingad uppkomst
I direkt ordningsföljd:

Om okunnighet uppstår, uppkommer reaktion;

Om reaktion uppstår, uppkommer medvetande;

Om medvetande uppstår, uppkommer kropp och sinne;

Om kropp och sinne uppstår, uppkommer de sex sinnesorganen;

Om de sex sinnesorganen uppstår, uppkommer kontakt;

Om kontakt uppstår; uppkommer kroppsförnimmelse;

Om kroppsförnimmelse uppstår, uppkommer begär och motvilja;

Om begär och motvilja uppstår, uppkommer fastklamrande;

Om fastklamrande uppstår, uppkommer tillblivelseprocessen;

Om tillblivelseprocessen uppstår, uppkommer födelse;

Om födelse uppstår, uppkommer förfall och död, åtföljda av sorg, jämmer, fysiskt och mentalt lidande, och alla slags svårigheter.

Så uppstår hela detta berg av lidande.

—Paṭicca-samuppāda-sutta,
Saṃyutta-nikāya, XII (I), 1

Center för Vipassanameditation

Kurser i Vipassanameditation hålls över hela världen. I Sverige hålls kurser på Dhamma Sobhana i Östergötland, nära Ödeshög, Vadstena och Mjölby.

Dhamma Sobhana Vipassanacenter
Holmen 1
599 93 Ödeshög
Tfn: 0143211 36
info@sobhana.dhamma.org www.sobhana.dhamma.org
Internationellt: www.dhamma.org

OM PARIYATTI

Pariyatti har som målsättning att till rimlig kostnad erbjuda tillgång till Buddhans undervisning om Dhammas teori (*pariyatti*) och vipassanapraktik (*paṭipatti*). Pariyatti är sedan 2002 registrerat som ideell icke-vinstdrivande organisation, och finansieras genom bidrag från individer som uppskattar Dhammaundervisning och vill att denna ovärderliga gåva sprids. Vi rekommenderar varmt att du besöker www. pariyatti.org för att få mer information om våra program, tjänster samt sätt att stödja utgivning av titlar och andra projekt.

Pariyatti Publishings underförlag

Vipassana Research Publications (fokus på vipassana-meditation som den lärs ut av S.N. Goenka i Sayagyi U Ba Khins tradition)

BPS Pariyatti Editions (utvalda titlar från Buddhist Publication Society, publicerade tillsammans med Pariyatti)

MPA Pariyatti Editions (utvalda titlar från Myanmar Pitaka Association, publicerade tillsammans med Pariyatti)

Pariyatti Digital Editions (material på audio och video, inklusive kvällsföredragen)

Pariyatti Press (klassiska titlar som omtryckts och inspirerande texter av samtida författare)

Pariyatti berikar världen genom att

- förmedla Buddhans ord,
- erbjuda sökare inspiration för sin resa,
- belysa meditatörens väg.

www.ingramcontent.com/pod-product-compliance
Lightning Source LLC
Chambersburg PA
CBHW031555040426
42452CB00006B/307
9781681726083